目 录

第三辑　旧事

第四辑　旧物

第五辑　旧日

第六辑 旧食

前记　行走在古老的北京

也许消逝的不仅仅是一个城市，还有我们的梦境。每当看到那些一百多年前的老照片，我总会有种做梦的感觉，仿佛那曾是我待过的场景。是啊，也许照片中就有我前世的身影。而这些熟悉的胡同、街道、五行八作的人就是我记忆中穿梭与往返的影像。当我想用笔描述我的心情之时，那些或悠远，或比邻的人与事，已经融入我的血脉之中……

2000年左右，我偶然听到了北京城市服务管理广播播出的《茶余饭后话北京》节目，我非常喜欢这个节目。后来我在走访胡同的时候，还因为这档节目的缘故，有幸结识了很多志趣相同的朋友。我们这些因这档节目相识的朋友时常扎堆在北京广播网的论坛里发言，缅怀老北京的旧时光，探讨老北京的胡同历史，吐槽身边刚发生的糗事。

也是在那时候我正巧遇到了《茶余饭后话北京》的节目主持人文林。那段时间，她正准备在周末开一档名为《相约北京胡同》的子栏目。我还为这档节目写了一段"胡同，是一座宝库，或许走在路上，就会有惊喜的发现。或许每条胡同都是一样的，记录着北京人生活的场景，又或许所有的胡同都是不一样的，承载着各自的历史……"的"广告语"。

第一次参加录制的《茶余饭后话北京》播出来后，我忐忑地等着论坛里的朋友们"扔板砖"。结果，大家反应还算热烈，有的听友甚至听完之后还点题"能不能讲讲'五顶'"……因为有文林老师和这么多听友的鼓励，也就有了之后的《父亲童年的太平湖》《父亲童年的西养马营胡同》《历史上的奥运村》《话说北京的五顶》《母亲童年的剪子巷》等若干期节目。这些年来，不仅把自己几年来行走胡同和采访胡同时遇到的人和事通过电台说给了大家，还通过电台认识了很多研究北京的前辈，像杨玉昆、常华、高巍、梁欣立、马岐、张卫东……

通过这档节目我学习到很多关于老北京的知识和历史，当然也因这一档节目认识了很多没有见过面的热心网友，比如程老、吴玲玲、凌清、云板、11月3日、墨扬、小京片子、铁皮鼓、水知道、评书迷、小赵飞剑、冰心DBX等人，他们往往在节目播完之后，都会提出自己的看法。比如在《父亲童年的太平湖》这期播出的时候，有听众就问我是不是在节目之中哭了，就这一个微小的变化，听众都很敏锐地发现了；在《父亲童年的西养马营胡同》这期播出的时候，有的听众就说曾经在那里看过电影；在《话说北京的五顶》播出前，论坛就有朋友讲小时候在那里的小学里踢过足球，还有朋友走过那里的时候拍了照片……正是这些热情的听众，鼓励着我一期期节目地录下来……

《茶余饭后话北京》这档节目在播出过程中也有很多有趣的小故事。比如，嘉宾"门当户墩"和"水知道"的故事，就是一个至今还让大家欢笑的小段。在我们这组《相约北京胡同》，有一次，"门当户墩"讲了一期黄米胡同"半亩园"，她在节目中透露了她是建筑设计师；而另外一组的"铁皮鼓"主持的《相约北京胡同》中，搭档"水知道"在节目中说自己学过建筑。因为都是女同志，又都学过建筑，都在节目中讲胡同，所以被混淆了，这导致《茶余饭后话北京》的老听众程老把两个人弄混了——说和"铁皮鼓"一起的是"门当户墩"。一时间引起全论坛的一片笑声，争论"水知道"和"门当户墩"的帖子一时间成为最热的帖子。我出来澄清这是两个人之后，大家又都笑了起来。程老这时才发现自己原来是把两个人混淆了。更精彩的段子还在后边，程老知道后一高兴，总结出《茶余饭后话北京》子栏目《相约北京胡同》有"五朵金花"，一时间把大家都逗乐了。程老说："原来咱们《茶》节目的年轻嘉宾群里一下子出现了'五朵金花'——小鼓、小水、小李、小烁和门墩。其中竟然有三位是建筑设计师，这是多么令人高兴的事啊！北京电台哪一套节目能够聚集到如此众多的老一代专家学者和如此众多的优秀青年专家呀……"这里程老又把"水知道"和一个男孩在节目中混了，把小烁弄成"金花"了，一时间大家一提金花都说"小烁金花"这个典故，主持人文林也跟帖："这回程老又误导了！'小烁金花'我很想认识一下……"

《茶余饭后话北京》这个节目渐渐远去了，它曾经是我生活的一部分，无论是做节目还是做听众，这个节目已经成为我们血脉中的一部分……

《茶余饭后话北京》曾经伴着我行走在古老的北京：或相约相识已久

的老友，或相约来自异国的宾朋……在一个空闲的下午登上鼓楼，走过近百级的台阶，凭栏远眺北海的白塔和一片片旧房的屋顶；或在黄昏时分走过文津街，驻足于紫禁城的护城河岸，等夕阳把东西角楼染成金黄；或悠然穿过烟袋斜街，散步到后海去享受一下老北京生活的情趣……那些曾经为这个节目写下的文字，留了下来，并且成为我生命的一部分，成为我文字创作的一个重要的阶段。如今，当我再次整理这些曾经写下的文字时，感慨万千。

祁建

2018年11月18日

第一辑

旧时

老北京的春天

老北京的春天，是一个美丽、神奇、充满希望的季节。那时多风，暖日晴风，碧空中鸽群绕着四合院上空自由翱翔，那是这个城市最美丽的风景。还有北京的燕子，谷雨前后就能准时回来，掠过巷陌，起伏旋回……

"三天一小绿，五天一大绿"，只要一下雨，一刮风，小草就开始变得绿起来。因为春来晚，夏来早，春天好像越来越短暂，我们脱掉棉衣没有几天就直接穿单衣了。

天气虽冷，绿色每天都会变化一重。当第一片嫩绿钻出地面时，所有美好的词语，新生、希望、活力……一齐涌进脑海。你看着嫩绿由一片变成两片，再变成三片；看着绿树由一棵变成两棵，再变成三棵；看着花儿由一朵变成两朵，再变成一丛丛……短短一周时间，整个北京便换了新

春天的花

北海五龙亭

装，到处是招摇的绿，绿得"晃眼"，绿得让你"心痒痒"，恨不得和它们一样，换一身新鲜的衣服。

老北京的春天当然偶尔也会飞柳絮、刮沙尘暴，让你感受到北京春天"浓烈"的气氛……那满城飞扬着如同棉絮的白色绒毛，一下子变成了一个巨大的"弹棉花加工基地"，想呼吸又不敢呼，想憋气又憋不住……其实，除去那"灾难性"的几天，老北京的春天还是很迷人的。

老北京讲究立春这一天吃春饼。所谓"春饼"，又叫"荷叶饼"，其实是一种烫面薄饼——用两小块水面，中间抹油，擀成薄饼，烙熟后可揭成两张。春饼是用来卷菜吃的，可以卷熟菜，也可以卷炒菜。炒菜简单，无非是摊鸡蛋、炒菠菜、韭黄炒肉丝、炒豆芽菜、肉末炒粉丝之类，现在人家大都备得齐。吃春饼的乐趣一半在于自己动手——揭饼，抹酱，取菜，卷饼，然后放口大嚼，很有点返璞归真的感觉。吃着春饼，春天也就来了。在古代，春饼最早是作为"贡品"，据说与女娲补天的传说有关，后来成为立春的时令食品。之后，"春饼"又演变成小巧玲珑的春卷。那时它不仅是民间小吃，还是宫廷糕点。在清朝宫廷中的"满汉全席"一百二十八种菜点中，春卷以色白如云、皮平如纸、极富美感的特点，成为九道主要点心之一。

"春风吹，野菜生。"老北京人素来就有春季吃野菜的习惯。20世纪三四十年代，老北京的穷人家里在青黄不接的初春除了以干菜、咸菜为主菜，还要以一些野菜充饥熬过春荒。这样一直挨到四五月菠菜、小白菜大批上市才算告终。

丰台万佛延寿寺观音菩萨像

玉渊潭看樱花

太阳糕是农历二月初一"中和节"用于祭祀的一种米制品糕点，又名"小鸡糕"。传说早年京城有一家专做年糕的"袁记斋"小店，是大名鼎鼎的"年糕袁"的前身。"袁记斋"年糕上都打着小鸡红戳，叫"小鸡糕"。一日慈禧太后想吃此糕，送糕进宫那天，恰逢二月初一"中和节"。"中和节"是祭祀太阳神的日子。慈禧见糕上朱红的小鸡非常高兴："鸡神引颈长鸣，太阳东升，真是吉祥！"遂将糕点命名为"太阳糕"。

据说早年什刹海西边的李广桥一带都是榆树。从城外的双榆树到城里的榆树馆，这些地名都在告诉我们当年北京曾经生长了很多榆树。什刹海恭王府后花园的榆钱儿最著名，那里有北京唯一的花园关隘"榆关"，在关前土山上生长的都是有几百年树龄的古榆树。这里的老榆树距离池塘较近，所以这里的榆钱儿最甜。当年的老王爷，每到春天也吃几块用自家树

莲花池

上的榆钱儿和棒子面蒸的蜂糕。

在春天的日子里，老北京城处处可以邂逅到美丽的春景。天安门广场上，天气好时满天都是风筝，那是老北京城里第一道最亮丽的风景；碧波荡漾的昆玉河，白云在上，碧水在下，微风扑面，再不时有一艘鸣着汽笛的游船从水中驶过；颐和园乐寿堂前，阳光下，玉兰绽放，为古朴的建筑平添了一份淡雅和神秘；潭柘寺的两株双色玉兰花奇特艳丽，被世人誉为"二乔"，是玉兰家族中的"花魁"；北京植物园曹雪芹纪念馆西侧有千株山桃花，朵朵桃花色彩艳丽，花姿优美，无不令游人心醉；陶然亭的月季园，春天是最迷人的，月季在枝头盛开，红的、蓝的、紫的、白的、粉的、黄的……各色月季花舒展着各自的花瓣，吐着鹅黄色的花蕊，微风吹过，沁人心脾的幽香让人忘返；景山公园的牡丹花既有皇家御园传统的牡丹名品，也有久负盛名的洛阳牡丹、菏泽牡丹，还有珍奇的甘肃牡丹、江浙牡丹等名品，以"株高、龄长、花大、色艳"名冠京城；天坛公园有个丁香林，丁香花开，一簇一簇的，有白有紫，通常花分四瓣，味道是苦苦的香，到了晚上，远远飘来浓郁花香，让人如痴如醉……

　　春天来了，带走了寒意和悲凉。春天去了，伴随一份飘零，那是"一江春水"的泫然，年年岁岁，便有林黛玉之"愁绪满怀无释处"，晏殊之"无可奈何花落去"，贺铸之"一川烟草，满城风絮，梅子黄时雨"……我们还要经历多少次这样"悲"的冲洗呢？春天被岁月撕得支离破碎，只是在回忆起来仿佛蒙上了一层复古的色彩。

　　些许惆怅，几多哀伤，老北京的春天就这样走了，走远了，仿若我挚爱的亲人远去了一般，令我心惆怅。

第一辑

旧时

老北京的夏天

　　"在太平年月，北平的夏天是很可爱的。"这是老舍对北京夏天的定义。老北京的夏天，说不完、讲不够，虽然那时没有雪糕、可乐、电脑、手机、空调……但从里到外都透着老北京的情趣和自然。北海碧波中的小船，颐和园的凉爽树荫，玉渊潭浓浓的垂柳……置身其中，如置清凉世界，顿忘尘嚣，是一种十分惬意的享受。

　　北京从春末到夏初只是眨眼的工夫。而等北海、什刹海和后海水面儿的荷花绽了白，透了粉儿，给京城添了景致，也就意味着五颜六色的盛夏到了。老北京有句俚语："天棚、鱼缸、石榴树"，这是四合院夏天的情景。除此以外，还有那纠缠的爬山虎，肆无忌惮地攀附在斑驳的老墙上；院门口那京韵京腔的聊天声；那

夏天的花

夏天，爬长城也是一种磨砺

咿咿呀呀的二胡声；那此起彼伏的吆喝声；那在胡同口欢蹦乱跳地追
逐着吹糖人老爷爷的小孩儿们……

　　老北京的夏天是闷、热交杂着的，晴天是干热，阴天就闷热。
特别是晴天的中午，太阳像火球一样高高地挂在了空中，炙烤着人们
的肌肤。窗台、院墙都热得烫手，树叶打了蔫，所以老人们就会说：
"这天儿跟下火似的。"老舍先生在《骆驼祥子》中有生动的描写：
"六月十五那天，天热得发了狂。太阳刚一出来，地上已经像下了
火。一些似云非云似雾非雾的灰气低低地浮在空中，使人觉得憋气。
一点风也没有……街上的柳树像病了似的，叶子挂着层灰土在枝上打
着卷；枝条一动也懒得动，无精打采地低垂着。马路上一个水点也没

有，干巴巴地发着白光。便道上尘土飞起多高，跟天上的灰气连连起来，结成一片毒恶的灰沙阵，烫着行人的脸。处处干燥，处处烫手，处处憋闷，整个老城像烧透了的砖窑，使人喘不过气来。狗趴在地上吐出红舌头，骡马的鼻孔张得特别大，小贩们不敢吆喝，柏油路晒化了，甚至于铺户门前的铜牌好像也要晒化。"

往往到了这个时候，大户人家便搭天棚，平民百姓则搭凉棚。清朝道光皇帝就有诗言："消夏凉棚好，浑忘烈日烘。"清朝的圆明园、颐和园等园囿中，虽然佳木阴森，但每年仍然要搭天棚，当年就有一句流行语"颐和园又搭天棚"。在老北京天棚是极为普通的消夏措施。对于住家来说虽然不是每家必搭，但对于商家来说，一到夏天就是肯定要搭的。拿20世纪30年代的西单大街来说，从西单商场开始，沿着便道向南走，直到西单牌楼转角"天福号"门前，都是很大的天棚，即使下午西晒的时候，行人也一点都晒不到，真是奇妙。

这时节，小孩子们最大的乐趣就是到湖里钓虾。只要准备一根线、一个用大头针弯成的鱼钩就够了。钓虾之前，先用小木棍或者石片到土里挖蚯蚓，然后把蚯蚓穿在鱼钩上就可以钓虾了。虾出来的时候会先试探性地用钳子去抓蚯蚓，这个时候千万不要着急向上提线，等它用钳子钳住了蚯蚓往嘴里送的时候再飞快地提起线，虾就被钓上来了，这过程中若过早或者过晚都钓不到虾。如此这般，一两个小时一般能钓到十多只虾，每只大概有指头那么长。夏天的记忆，就这样在天地间尽情地挥洒，在蓝天白云下，描绘着一幅幅美丽的画卷，装扮着这个美丽的季节。

《天桥杂咏》里有这么首诗："六月炎威暑气蒸，擎来一碗水晶

第
一
辑

旧
时

冰。碧荷衬出清新果，顿觉清凉五内生。"老北京夏天解暑的东西，可忒多了，就怕你贪凉。西瓜是最解暑的，那时候的西瓜主要是"黑蹦筋儿"，还有"大三白""绿三白""花皮瓜"……买了瓜，就用盆儿接上凉水镇着，泡上三四个小时，中间儿要换换水，把瓜泡透了。等晚半晌儿全家人都吃了饭，大家围在一块儿吃西瓜，边乘凉、边聊天、边吃瓜，那可是热天里的最高享受。另外，那时老北京人家的饭桌上都少不了拌茄泥、煮毛豆、拍黄瓜和煮咸茄儿。

还有就是冰窖口往外运冰的车，看着就冰爽凉快。酸梅汤、雪花酪、扒糕、凉粉等消暑小吃也是必不可少的。酸梅汤加了糖渍桂花和冰糖，如琥珀般的颜色，冰块在碗外边镇着，绿色，纯天然，是解暑的良方……

相声大师侯宝林在自传中描述了他童年时期的"从商经验"，他用三个大铜板到冰窖去买一大块冰，请冰窖里的人拿冰镩把冰破成两块，挑一个担子，前面搁一块，后面搁一块，一路走一路吆喝："凉——咿呀儿唉——冰核儿咿呀唉——"卖冰核的，这多半是穷苦人家的小孩子，拉起一辆二尺来长、一尺半宽的木板车，到冰窖贩来碎冰，装进筐子里，上面盖上棉被，然后走街串巷一路叫卖。渴了，就吃上一舀子冰核，可以一直凉到心里。

老北京夏天的冰是要花钱的，普通老百姓消夏的最简单方法，就是用"井拔凉"。老北京的水浅，挖一丈左右就见水，两三丈就是深井了。新从井中打上来的水，清澈冰凉，北京人称之为"井拔凉"。这可是老北京人的天然降温宝贝。如老舍小说《骆驼祥子》中所说，干体力活的人，从井中打水喝，就是享受一下喝下透心凉的井水时，

故宫角楼

从头到脚，全身汗毛孔突然收缩时的快感，老百姓用井拔凉水制作各种冷食。

围着钟鼓楼、烟袋斜街、南锣鼓巷、后海……兜一圈，在鼓楼上俯瞰眺望老北京的风光，夏日的绿，为老墙古塔点缀出无限生机。但夏天的天气是"孙猴子的脸——说变就变"。有时候前一会儿还是晴天，可转眼便雷雨大作。当然，即使是雷雨也是很让小伙伴心动的，特别是那雷声，震耳欲聋。等一放晴，天空就会显得神秘起来。这时的天空挂着美丽的彩虹。彩虹像一座五彩缤纷的天桥，好像穿过这座桥就可以到达仙境一般……在大自然的四季更替里，夏天是成长的季节。在生命的长河里，夏天是人生热情奔放的时候。

夏天绿荫中的古塔

满天的乌云弥漫，也许会尘封一段记忆，也许会成为我们亘古的见证。有一个夏天，是老北京人心中无法抚平的伤痛。那是1937年的夏天，"七七"事变在北平爆发，北平城被日本侵略者占领。

每一个季节就是人生的一个台阶，纵然有挫折，有烦恼，有天崩地裂，有心灵创伤，有徘徊不定，有壮志未酬，有遗恨成霜，也要问心无愧……记得有一年夏天，考试将近，老师害怕学生们考得不好，拼命给学生复习。那时，小伙伴们都觉得夏天的味道是有一点苦的。蓦然回首，不经意间，我早已经走过了那个夏天，一去不复返……

夏天草坪上的小狗

老北京的秋天

秋天，是一个让我思念的季节，那院子里的落叶和我的思念都积了厚厚一叠，金黄的银杏雨，更幸福了我心中的世界。

万物之美在于其必然流逝，如果岁月让我有过心动过的样子，如果有一瞬间曾经停驻在我的心里，如果我偶尔能够忆起一些灿烂的风景……那这里面一定有老北京的秋天，美得让人心醉的老北京的秋天。

郁达夫说："在南方每年到了秋天，总要想起陶然亭的芦花，钓鱼台的柳影，西山的虫唱，玉泉的夜月，潭柘寺的钟声。在北平即使不出门去罢，就是在皇城人海之中，租人家一椽破屋来住着，早晨起来，泡一碗浓茶，向院子一坐，你也能看得到很高很高的碧绿的天色，听得到青天下驯鸽的飞声……"

秋天的落叶

老北京的秋天

　　老一代人最怀念的就是秋风下的牌坊、马车、城门楼子、护城河，以及喷着蒸气呼哧呼哧来回倒车的火车头……

　　老北京的秋天是一年中最美的，但老北京的秋天只有短短的几天，要抓住这短短几天不容易。但那时的人们完全可以骑一辆自行车，走一走，停一停，边走边观赏，那景色、那自然、那美丽……

　　金灿灿的银杏叶在路两旁随风摇动，为胡同增添了一份浪漫。满地的落叶，漫步其中，更可感受老北京的美丽与宁静。路旁的花坛里，菊花散发出了诱人的清香。每逢中秋节的时候，秋高气爽，明月当空，百果上市，各大点心铺也是生意兴隆——前门的正明斋，观音寺的蕙兰斋，京味月饼自来红、自来白、翻毛、提浆，以及稻香村、桂香村、聚顺和的南味月饼都供不应求。卖水果的鲜货店内，两百瓦的大灯泡照着挂着白霜，色鲜甜脆的苹果、鸭梨、葡萄和石榴

第一辑

旧时

等，伙计用鸡毛掸子轻轻拂去水果上的微尘，高声吆喝，一来主顾，就满脸含笑，将水果包成方方正正的蒲包，上盖红绿商标，把客人一直送到大门口。此时，小孩子上街最爱买的就是兔儿爷的泥塑，而戏园子上演的也大多是以月亮和兔儿爷为题材的戏，如《嫦娥奔月》《唐王游月宫》等，舞台上的兔儿爷勾脸豁嘴，足踏朝靴，手执玉杵做兵器，上蹿下跳，博得大家欢快的一笑。住在远方的人会赶回北京与自己的亲人相聚。而到了中秋节夜晚，每个家庭都在一起赏月，那氛围真令人向往。胡同里叽叽喳喳，打打闹闹，玩着童趣的小游戏，是这般幸福浪漫的事情。

老舍说过"秋天一定要住在北平，北平的秋天没有一样不令你满意的"。老北京的秋天，我们曾经分别，但总会相遇，过去、现在和未来。只要是走到心里的，就永远不会消失……

老北京的秋天，美得那么踏实，美得那么深沉，美得那么坦然，美得那么浓烈……

老北京的秋天之登高

临湖观秋

老北京的冬天

　　说起老北京的冬天，您肯定会想起故宫外的筒子河、北海公园的冰面、厂甸的糖葫芦、雍和宫许愿的人、八达岭的雪以及在结了冰的什刹海滑冰的人。若是那时节您漫步胡同，会不时看见有人在路边或拐角卖糖炒栗子或是卖烤白薯。那浓浓的香、蜜蜜的甜随风四处弥漫，大老远就挑逗着人们的味蕾……

　　老北京每到冬天给人的印象是一片萧瑟的感觉，冬天的深宅大院少了杨柳翠绿的柔顺，却多了松柏苍劲的风骨。胡同里偶尔也会有"萝卜赛梨""大柿子涩了换咧"的吆喝。

　　谚语有："腊七腊八儿，冻死寒鸦儿；腊八儿腊九儿，冻死小狗儿；腊九儿腊十儿，冻死小人儿！"那时的冬天，地面上会出现裂口。若您用手去拉门把手就会刺啦一下粘下一层

小朋友最喜欢冬天这个季节

冰上，展示美丽的舞台

皮。于是老北京留下了"猫冬"的说法。每当入冬之前，各家各户就开始忙乎着安烟筒、搪炉子、装风斗，买煤球，储存大白菜，做棉衣棉鞋的事儿。

老北京的冬天离不开"煤"，这就能够说不少故事，天冷了，贫苦的人无钱买煤，就有去街头垃圾堆捡煤核儿的，大多数是小孩儿去，一手执篮筐，一手执棍子，或者钩子，蹲着敲打别人烧过的残煤，把外层灰烬敲去，取其尚未烧尽的核儿放入篮筐。

20世纪20年代至40年代，老北京普通人家大多使用煤球炉子，经济稍微好点的才有钱使用带烟筒的"洋炉子"，煤气这个看不见的"杀人狂"每年都能够"带走"不少人命，其中不乏青春年少的。而冬天自然是煤铺老板们的发财季节，煤价几天一涨也是常事。煤铺老板这时想尽办法赚钱，往煤里掺土、泼水都是习以为常的手段。

当然，那时大街上也有很多粥厂、暖厂、乞丐收容所。粥厂一般早晚两次，天不亮就在粥厂门外排满了穷苦的老百姓，手里拿着大碗或者锅，打了粥就赶紧往家跑，给正饿着的一家老小。

暖厂就是每天晚上管一顿饭，吃的一般不是粥，就是菜帮子什么的，若赶上年节还可能有个带红点的馒头之类的。吃完饭，还可以在大炕上或者稻草堆休息一晚上，第二天一早就得站起来走人……

那时胡同里时常有"冻手、冻脚、贴上就好"的叫卖声，那是卖冻疮药的。冻伤的人可以破费点买了贴上。特别是拉洋车的在街头等活儿时，容易冻伤手脚，贴上冻疮药，就能多拉一会儿多挣点儿棒子面钱。

老北京的阳光把所有的不快一扫而光，让你觉得冬天充满温暖，天地间充满了希望。特别是晌午，那可是最惬意的时候，站在向阳的地方晒暖儿，高大的院墙挡住西北风，饱满地吸收暖洋洋的阳光，比痛饮二锅头还要舒服，有句成语"野人献曝"，也许绝非可笑，而是有些诚恳的……

当然北京也有无风也冷的天气，太阳淡淡的，滴水成冰，老北京把这种天气叫作"干冷"。若是碰上有风的天气，冷风不停地刮着，似一把把锋利的小刀，直刺得你脸生疼。

老北京崇尚冰上游戏，清朝时，上自皇帝皇后，下至黎民百姓，无不以滑冰为冬季的最大乐趣，当时这项运动被称为"冰嬉"。《大清会典》中有关于滑冰的典制，乾隆还将其定为"国技"。据说，滑

第一辑

旧时

冰不仅具有娱乐的作用，还有健身并培养将士尚武精神的作用。清朝御林军的健锐营便有一支编制为一千六百人的"冰鞋营"。为保证其战斗力，皇帝每年都要亲自校阅。

每年冬至，帝王驾临天坛祭天之后，内务府就要开始筹备一年一度的"冰嬉"。一般会在腊月初八前后举行，地点不是在北海的五龙亭，就是中南海的瀛台。届时冰面上列队井然，旌旗招展，彩球高悬……演练的旗兵，数十人为一队，美妙绝伦的技艺，令人叹为观止。乾隆有一首《冰嬉赋》"思摘月兮广寒之窟，齐趁星兮白榆之街，未拂地兮上起，忽从空兮下回……"百十字的描述，概括出古代滑冰运动的热烈场景。

当然那时老百姓一般都是在后三海、陶然亭、金鱼池、龙潭湖、护城河等地滑冰。老百姓不在乎距离的远近、冰面的厚薄，乐在其中才是最主要的。抢冰球是当时人们最爱的一项冰上游戏。所谓抢冰球是一人将碎冰

大运河北京段转河进入北京城的入河口

公园里为迎接新年在悬挂灯笼

踢远，众人争抢。由于距离太近，往往一摔就摔倒一片，用老北京话说，这叫"抢冰球，看摔人"。

看花，是冰天雪地的老北京另外一种享受。花市、隆福寺、护国寺、土地庙等地的庙会上，以及大街上的店铺里，随处可见鲜花。花农挑着花担涌进城里。花担子两头是一个用荆条编成的圆柱形的大筐，内壁糊有两层高丽纸，筐底中间有炭炉，筐口覆盖穹隆形的筐盖儿。这严实而温暖的简易设备，保护了各种娇嫩的鲜花免受风寒的侵袭。筐里常装有蜡梅、碧桃、迎春、水仙、海棠、石榴、佛手、瑞香等各种奇花异草，打开筐盖儿，只见里面碧枝翠叶，姹紫嫣红。清朝时，皇宫里需要大量的鲜花，据传说慈禧太后喜欢佛手，常常让李莲英到以培植佛手闻名的花乡马家楼卢家去选购，有时要买很多回来……

1948年12月北平和平解放前夕，有人劝沈从文全家离开北京，沈从文却选择了留下。他给大哥沈云麓的

第一辑

旧时

033

小朋友迎接新年

信中说："北平冬晴，天日犹明明朗朗……"沉静的城墙、雪松沉甸甸的绿意……它见证了繁盛与衰亡的历史烟云，记述了风云变幻的千年历史，吟唱着才子佳人的动人故事，伴着散落的白雪，多了几分惆怅。也许寒冷是另外一种温度，另外一种体验，没有感受过冰天雪地的寒冷，又怎能体会到春暖花开的喜悦？

　　老北京的冬天朴素中洋溢着繁华，深沉中积淀着厚重，让人们看见了不远处充满希望的春芽。

第二辑

旧城

话说西黄城根

　　黄城根的"黄"本来是"皇"，经过现代标准化后改为黄，街道的名称也改为"东黄城根南街""东黄城根北街""西黄城根南街""西黄城根北街"，类似的还有"劈柴胡同"写作"辟才胡同"等。

　　有一年年初路过西黄城根南街，意外地发现礼亲王府高大的院墙已经整修为灰色。作家陈建功和赵大年的小说《皇城根》，就是把这里原来的地名起作了小说的名字。

　　由于原来工作的那家法制类的报社所在的地方被一个浙江商人"承包"了，报社搬到了西黄城根南街一个很小的红色砖楼里。在那里工作的几个月的时间里，我渐渐熟悉了这条古老的胡同，也逐渐了解到这条古老胡同的一些"秘闻"，比如怎么将"皇城根"写成"黄城根"了、明清皇城西南角残迹遗址在哪里、礼王府的所在地在明代是否是崇祯皇帝外戚周奎宅……

怎么将"皇城根"写成"黄城根"了

　　说到黄城根，得说皇城墙，皇城墙是指明清时介于紫禁城与内城之间的一道城墙，始建于明永乐年间，用砖砌成，外涂朱红色，墙顶覆黄琉璃瓦，周长9000多米，高6米，墙基厚2米，顶厚1.73米，南有大明门（清代改为大清门，民国时叫中华门），东有东安门，西有西安门，北边有一门初名北安门，清代改为地安门。皇城正门则是承天门，也就是现在的天安门。

20世纪20年代初，大部分皇城墙被拆去。如今地面上存留的还能让后人见到的建筑只有天安门和天安门两侧的部分城墙。

老北京皇城的形状不是标准的四方形或长方形，而是西南角有一定凹槽的一个不规则形。西面城墙从西单灵境胡同向东至中南海，沿府右街向南至六部口。

道光年间的地图显示，西南皇城角与地图中所标的位置基本一致。东南皇城可以大致确定在北京贵宾楼饭店处，但西北、东北两处皇城角的准确位置目前还没有确定。皇城东为南池子、北池子、东黄城根，西为南长街、北长街、西黄城根。

怎么将"皇城根"写成"黄城根"了？在明清时期，皇城四周称为皇城根。辛亥革命之后，清朝被推翻，为了反对封建皇权，便将皇城根的"皇"字改为"黄"了，之后便一直沿用至今。民国政权为削除皇权遗迹，将皇宫改称"故宫"，皇城根改称"黄城根"，皇历也改称为"黄历"。

皇城根代表了天子脚下，它已成为北京的一个代名词，对北京人而言，皇城根更是代表了一种文化和历史的积淀。

第二辑

旧城

埋入地下八十多年的明清皇城西南角残迹遗址

2000年年底的时候，在西单灵境胡同与西黄城根南街交界处的道路施工中发现的地下古建筑，文物部门确认，这正是已埋入地下八十多年的明清皇城西南角残迹遗址。才立起的"西黄城根南街"路牌正好就在这段城墙遗址的上方，路牌的基座就埋在遗址的结构中。有一回，我刚巧路过那处遗迹，那正好是城墙刚被挖出来那段时间，我看到坑旁整整齐齐地码着三四层已经挖出来的长方形城墙砖，沿着坑边围上了一圈铁护栏，被挡在护栏外的二三十位围观者十分专注地望着坑里工作人员的一举一动，纷纷议论。

我与其中一位姓刘的大爷攀谈了起来。刘大爷是一位老街坊，从抗日战争结束就住在这条胡同里。刘大爷说："原先，老百姓都管这儿叫'皇城拐儿'，就是因为相传这里有个皇城墙拐角，但是究竟有没有这么个拐角、到底是怎么个拐法、拐在哪儿，也没人能够说清。没想到，这回真挖出来了，我也能借光看个究竟，弄明白了'皇城拐儿'的来由。"

后来挖掘工作结束后，为了不影响正常的道路施工，这段皇城根被再次埋入地下。由于皇城根所处的位置正是便道，所以文物部门准备在铺便道砖时，将这1.5米宽的皇城根上面专门用耐磨的石材铺道。一方面是为了保护这段皇城根，另一方面也是让路过的人都知道自己所行走的地方正是皇城根所在之地。另外，文物部门还计划在这段石材便道上刻上纪念文字，展示皇城根的历史，让更多的人了解它。

"皇"城根上的礼"王"府

礼王府位于西城区西安门黄城根南街路西，南起大酱房胡同，北至颁赏胡同，占地约三十公顷。在清代所建的诸多王府中，最大的就要数礼亲王府和豫亲王府。老北京就有"礼王的房，豫王的墙"之谚，可见礼王府的房之多。礼王府在民国时期曾为华北大学校园，1949年后，又成为中华人民共和国民政部办公用地。现在王府中心建筑大多保存，犹具旧日规模，其余多经改建，面目已非，但仍属于保存较好的王府。1984年，政府将这里定为北京市文物保护单位。

20世纪90年代末，我在一家报社工作的时候，在这个礼王府工作了一段岁月，在这里认识了写崔健传记的赵健伟和苑涛等。那段短暂的岁月，在那家机关报里，郭晓虹也留下了很深刻的记忆。她那获得1991年中国抗洪救灾大特写征文优秀作品奖的报告文学《西黄城根南街9号》就是写的这里。

礼亲王始王为代善，是清太祖努尔哈赤第二子。代善自幼即随父征战，在攻克抚顺、辽阳、沈阳等重大战役中建立了卓越的功勋，曾被赐号"古英巴图鲁"。明万历四十三年（1615年）八旗正式创建，努尔哈赤自领两黄旗，代善领两红旗，是除努尔哈赤外唯一统领两旗的人。努尔哈赤一度以代善为自己的接班人，后因代善对待家中次子

第二辑

旧城

硕讬不公而被努尔哈赤训斥，最终失去了继承汗位的资格。代善虽然失势，但仍有很强的实力，在其弟皇太极即位、其侄福临即位等关键时刻，均发挥了重大作用。清军入关后不久，代善在京病死，终年66岁。顺治皇帝赐银万两，建碑记功，康熙皇帝追谥曰"烈"。

礼王府的所在地原本是明代崇祯皇帝外戚周奎的家宅，后才为代善所有。现大殿门下部所雕云龙，其工艺明显是明代手法。院落深邃是礼王府的一大特点。王府分三路，中路有正门、二道门、银安殿、穿堂门、神殿、后罩楼等；西部是花园，亭台楼阁错落有致，设计十分巧妙；东部是王爷及其家人休息的房间。清嘉庆十二年（1807年）礼王府失火，嘉庆皇帝赐银万两，由当时的礼亲王昭梿主持大体按照原式重修。

在后来世袭的礼亲王中有几个礼亲王很有名气，如第四代礼亲王杰书就是清朝名将，曾任奉命大将军，在征讨耿精忠和防范噶尔丹的战役中都屡立战功。第九代礼亲王昭梿爱好文史，留心掌故，著有《啸亭杂录》《啸亭续录》。两部著作记录了许多清朝的政治、军事、文化、典章制度等文献资料，留传至今，是后人研究清史的重要史料。清末礼亲王世铎曾先后担任内大臣、军机大臣、军机处领班等职，处理军国大事，被赐予亲王双俸。世铎之子末代礼亲王诚厚，爱养长虫、刺猬等，人们称其为"疯王爷"。礼亲王共传十三代，从清崇德元年（1636年）至清帝逊位后三年（1914年）共二百七十八年。如今，皇城根的"皇"已经不在，而礼王府中的"王"也成了历史。

沧桑古屋

平心静气地看天空的风筝

　　黄城根小学位于北京市西城区西黄城根北街，前身为创建于1904年的内务府三旗初等第六小学堂。1906年改为北洋官立第二小学堂，是最早的公立小学之一。2004年4月1日是黄城根小学的百年诞辰。黄城根小学的对面就是大名鼎鼎的北京四中，两者之间的小街绿树成荫，极为幽静。

　　位于西黄城根的中央文献出版社门市部，读者不多，最是选书的好去处。当年它以发行中央级出版社新书著称，李锐的文集、李一

劈柴胡同如今已经更名辟才胡同

氓的回忆录、童小鹏的专著以及毛毛的《我的父亲邓小平》，不知让多少经历过革命年代的老一辈人拍案叫绝。记得有一回，我曾陪朋友到那里走走，可已是风光不再，书架上的书有的已落了一层淡淡的灰尘。

每天中午休息的时候，深冬时节在附近漫步的日子是一种享受，万松老人塔，是北京城现存有记载最早的地标之一，将来湮没在高楼之中的时候，不知会是什么感觉……

京西永定路一带

传统意义上的京西永定路北起田村路，南到青塔小区，现在往南延长到京石路。永定路之西玉泉路与石景山区搭界，东望五棵松路（今之西四环路），再向东数去是万寿路、翠微路、公主坟……

京西永定路不是一条历史悠久的路，但在北京半个世纪的城市改造中却赫赫有名。每当穿越这条街道的时候，都有一种莫名的冲动，因为这条街也伴随我从少年走到青年，许多往事，或悲伤的，或喜悦的都在这里悄悄地发生……我在这条大街上找到了第一份工作，平生第一次住院是住在这条街的时候，在这条大街的一个酒店与我的妻子举行婚礼……这条普通的道路像一位长者，伴我走过三十年的风风雨雨。

永定路一带在古都与新都之赫赫盛名下沉寂着，只有对北京历史地理有深入研究者才能发现它的魅力。其实永定路、翠微路、玉泉路这几条马路在中华人民共和国成立之前，就已经是布局完整的。

永定路北起田村路半壁店，南至新苑村（青塔），辟于1939年，时为四米宽砾石路面，20世纪50年代、80年代被大规模改建。由于此处东北便是永定河引水渠，故以此为名。听六建（现北京六建集团）的一个老木匠说过，20世纪50年代时，他从沙窝走到田村去干活，走的都是沙地里的小路，其间要穿过几个村子才能到田村。住在万寿路、五棵松到永定路的年长一代，小时候见过不少日式建筑，敦敦实实的大坡顶平房，室内木地板，墙足有一米厚……

第二辑

旧城

"七七"事变后，日本侵略者占领北京。1939年，日军开始在这里建设"新市区"，俗称"新北京"，东起公主坟，西至田村石槽，南界蒋家汾村，北达定慧南村。为了修路，强行拆迁了高庄、核桃园（今复兴路22号北面）、马神庙（今复兴路22号东南）、杨家坟、孟家坟、包家坟（今天太平路27号内）修了三条东西向街，五条南北向路……

十几年前首钢做大规模的房地产布局的时候，拆了最后一批马路和房子。

清朝吏部尚书铁保之坟茔地

永定路曾有一个地段名为铁家坟，这条路是因为铁保的墓地而得名的。

铁保，字冶亭，号梅庵，满洲正黄旗。清乾隆十七年（1752年）生，乾隆三十七年（1772年）进士，后官至两江总督。道光四年（1824年）正月病逝，享年七十一岁。次年四月十六日安葬于此地，后看坟户形成村落。

在永定路的东面，有一条街叫枣林路，这个名字就来源于1949年前的枣林村，以前这里有几十户居民，家家都种有枣树。在秋天来临之际，每家的枣树上挂满了大枣，令过往的人们垂涎。这里的人们每每在丰收季节，家家拿出自己的果实赠予邻里，共享收获的喜悦。

五棵高大的松树

永定路的东边就是西四环路的前身——昔日五棵松路,是南连丰台、北抵颐和园,接海淀可去"山后"的南北古道。

说到这一地名的历史,可追溯到清代,当时此处有提督邵英的墓地,周围有五棵高大的古松。"提督"乃是"掌一省陆路或北路官兵之官",但史料中对邵英少有记载。当年五棵松树的具体位置,在今天的地铁1号线五棵松站的北侧站口。那是五棵二十多米高的松树,枝繁叶茂,傲然挺拔。树与树之间距离大致相等,枝杈相接、树冠相连,相依相偎,簇拥在一起,分布于五十平方米左右的范围内。当时五棵松树的周围没有任何建筑,几里之外望去,五棵高大的松树就像刚刚升起的蘑菇云,是当时京西一带的标志物之一。

早年间出阜成门往西南再向西有一条去往门头沟的大道,许多从门头沟往京城送煤、送山货的拉骆驼人和到潭柘寺、戒台寺进香的人,大多走这条路,而五棵松是必经之地,不少人都在这儿歇脚儿。特别是夏天,由于天气炎热,在五棵松的树荫下歇脚儿乘凉的过路人很多。

民国年间,阜成门外人烟稀少,越往西走越荒凉,还时有打劫的强盗出没,许多人都不敢单独行走。为了保险起见,一些去往京西的人们就纷纷相约在五棵松树下聚齐儿,然后搭帮而行,所以"五棵松"就被当成地名叫开了。后来在五棵松树的北面形成村落,称"五棵松村"。从20世纪五六十年代开始,五棵松一带建成大片的居民区

第二辑

旧城

和企事业单位，仍以"五棵松"为名称。

1965年7月，北京开始修建第一条地铁，其线路正好从五棵松附近经过，并在此设"五棵松站"。四十多年前修地铁时，还没有暗挖技术，而是采取明挖的方法施工，所有地铁的建设都是"敞开式"进行，工地面积很大。为了保住这五棵古松，人们想了很多办法，但由于施工时使五棵松树附近的土质和水质受到损坏，加之在开挖地面时又伤了树根，还是有一棵松树先死了。为了保住五棵松树的原貌，人们试图移来一棵，但没有成功，后来连剩下的四棵也死了。

五棵松树虽然没有了，但人们没有因此而改变对这一地方的称谓，依然称此地为"五棵松"，并在附近补种了五棵松树，以示纪念。以后，随着西长安街向西延长，到石景山和西四环路上"五棵松桥"的建成，使五棵松一带逐渐成为京西最为繁华的地区之一。

两番被淤塞掉的古金沟河道

西四环上有座跨越古河道的立交桥叫金沟河桥，横贯东西穿过铁家坟村落的一条道路叫金沟河路，这里曾是元代郭守敬两番主持开挖又两番被淤塞掉的古金沟河道。莲花水系作为城市一般用水是完全可以满足需要的，但金代定都燕京城后，随着人口的增加及不断增长的军备开支，对物资的需求量也在增加。今永定路以北的金沟河路，就是金沟河旧河道遗迹。后来因地势高低不平，河道经常淤塞影响通航，不得不于1187年废弃，仅留下了一条储水的沟。

这里因风大沙多更名为沙窝

沙窝及复兴路之北，过去还有一个叫沙沟的村子，也已拆了十多年了。

沙窝村原名杏园村，后来因为这里风大沙多，而更名为沙窝。1949年，这里有约六十户人家。房屋又小又旧……20世纪50年代初，一些单位开始再次兴建，一些分散住户也开始迁移到此，形成居民区，分为东西两部分。现在此地已经为今日家园等小区，四环路边的沙窝桥保留了沙窝的名字。沙窝村仅存的一些房屋，在今日家园的北侧，还在悄悄地隐藏着，不熟悉这里的人很容易忽视它们。

由永安万寿塔而来的万寿路名

万寿路北段是阜成路，北侧有明代的慈寿寺，寺内有永安万寿塔，民间称八里庄塔。此寺建于明万历四年（1576年），后来废弃，目前仅存孤塔。万寿路的名称，即由此塔而来。万寿路原为农田、土路，日伪时期改为砾石路，1955年铺筑沥青路面，是连接颐和园和丰台的主要道路。此后，居民区、机关大院、商业区……慢慢在这条街上发展起来。

第二辑

旧城

047

京西古道模式口

小时候，曾经有一套四本的《北京民间传说》故事书，讲到京西模式口的时候，配的插图是一队骆驼在山间的道路上行走，印象极其深刻，于是我在不知不觉间就记住了这个陌生的地名，但是多年来，我却一直没去过那里。

直到有一天，我沿地铁1号线一直坐到苹果园总站，再换336路或941路公交车到金顶街北口站后突然有种豁然开朗的感觉。明明刚刚还被"成片火柴盒"的首钢宿舍区包围，突然就置身于一条明清风格的古街。

这里，就是传说中的模式口，人们称它"京西文物街"。它历经沧桑，跨越历史的风尘和时代的潮汐，无声地向人们诉说着千百年来这座京西古道上一段段如歌如泣的历史……这里有法海寺、龙泉寺、承恩寺、中国第四纪冰川遗迹陈列馆、田义墓和溥仪故居等建筑古迹，这里有斑驳的土墙、风化的石构件、倒塌的残垣断壁、字迹模糊的碑刻、弃置墙角的旧磨盘……

行走模式口

我几次到模式口大街寻访，每次走进这条古街都有一种恍如隔世的感觉。"老北京网"的网友们在2017年时，曾组织了两次探访这条古街的活动，当时我和三十多位喜欢北京文化的朋友一起寻觅这里曾经发生的故事。

2017年盛夏，我从苹果园地铁站上来，打车到模式口村的西口下车。明代侍奉过三朝皇帝的宦官田义的墓地，就在靠近村西的地界儿。我们发现模式口大街实际的宽度和城里宽一点的胡同相当。路两边种着榆树和槐树，大街两边的古老民居大多没有经过大拆大建，还是灰砖灰瓦，依然保留着民间四合院的模样，所以一进村就像进了北京的老胡同。

模式口大街并不是笔直的，因为原本这里是一个村子，而这个村子是沿着一座很低的小山根儿建的，所以大街的走势，可能是因山势而来。大街很少有现代建筑，大家都自觉地保持着统一的风格。大街的中段往北有岔路，岔路两边是20世纪六七十年代修的房子，这里看到的老四合院风格离我们生活的年代更近了一些。

东口外立着一块巨石，上书"京西古道"，这印证了我记忆中故事书里的插图。现在模式口是一半乡村一半市区的胡同状态，我看到这里生活着许多外来务工人员，大概是这里的房租便宜吧。我还发现有些院子的墙壁上贴着海报，专门提示外来务工人员要小心煤气中毒。

再往东走没多远，是首钢的住宅小区。在街头还有传统的爆米花设备，记得小时候住在胡同里，也常能见到有小商人用这样的设备做爆米花，爆的时候会发出一声巨响，近十几年在北京城里很少见到这样的设备了……

第二辑

旧城

宦官田义墓地的石人

模式口原名磨石口，西周为蓟国所都之域；春秋战国有燕国宁台之宫，1433年，磨石口已载史册。1560年，村西隘口为京西古道之必经。1593年有"过山总路"之誉。时驼铃相闻于道，商贾络绎不绝，并设军把守、典史驻城，是京西重镇和缉盗之中心。当时，西山的煤炭、木石均由此入京。清代诗人查慎行形容这条路："乱石山有崎岖路，时听征车撼石声。"多么形象！1922年，村里有位名人李雅轩，时任河北省议员。他认为磨石口有条件办成模范村，于是向当时宛平县县长汤小秋建议将磨石口更名为"模式口"，与原名谐音。

清朝末年到民国初年，是模式口最为兴盛的时期，各类商铺有三十多家，还有各类商摊几十家。商贾云集，骆驼队迤逦而行，驼铃声不绝于耳。当时模式口有大车店、杂货店、铁匠铺、酒馆、饭铺、粮食店、药铺、肉铺、理发店、茶馆、布店、旅店等店铺，为来往的商旅和朝圣的香客们服务。时过境迁，往日繁华已成过眼烟云。

模式口至今仍保留着传统风貌的民居，建筑格局上分为一进、二进、三进院落。其中二三十处院落的房龄达百年之久，至今较为完整，如69号院、71号院、82号院、89号院、93号院、178号院等，对研究京西百姓生活的变迁史有较高的参考价值。它们都是硬山起脊，抬梁式木架结构，石板瓦屋顶，如意院门，有石雕门礅、影壁、屏门、隔扇、砖雕、木雕、彩画、泥塑、山花、土灶、土炕、磨房、碾房、老门联等。

当年的模式口还是王公贵族、名人雅士们丧葬首选之地，"京西多古墓，一溜边山府"，仅三里长的古道，除了有田义墓外，还有朱国治墓、（明）清平伯吴成家族墓、（清）礼亲王坟等，北面的金王

第二辑

旧城

051

府、申王府、雍王府、西小府等，都是明朝埋葬皇子的墓地。西面的田义墓是一处以明代太监田义墓为中心的明、清宦官墓葬群，始建于明万历年间，是目前保存较完好、规格最高、石刻最精美的太监墓。它也是全国首座对外开放的明清宦官墓园。

模式口原有四座壮观的过街楼

史书上记载北方发生的几次大战役，军队都是从模式口通过的，也由此可见此地在军事上的重要作用。

模式口原有四座壮观的过街楼，大街东西口各一座，中间两座。过街楼很像小城门，是由两个楼垛子托起一座楼子，下面有门供车马行人通过。楼高十来米，厚达七八米，过街楼上有法海寺第一任住持题写的"诸恶莫作""众善奉行"的名联。说起过街楼还有个热闹的传说。

过去，每到庙会之时，各路花会队伍，云集模式口，在模式口街上舞中幡成了旧时的一大景观。有一年农历四月初十，模式口街上热闹非凡。有粥茶老会，在粥棚茶棚舍粥舍茶，有燃灯老会，施舍灯笼蜡烛，轿夫、商贩、舍暑药的、舍冰水的……车水马龙，进香的会众过了一拨又一拨，傍晚时分鲜果圣会才到来。人们听说鲜果圣会来了，呼啦就往东过街楼口涌去。这鲜果圣会，声势浩大是出了名的，听说里头有宝三等杂技高手，大家想开开眼。只见那舞钢叉的把叉舞得哗啦啦响，耍五虎棍的虎虎生风，先后神气地从门洞耍进模式口村，可到中幡这儿可就卡住了。

"舞中幡"的正是宝三。他赤裸上身，腰扎红带，年纪也就三十上下。舞动着八十斤重的大幡，一会儿"前后担山"，一会儿"牙键""脑键"，舞得气势磅礴，人们叫好不绝，可就是从门洞儿里进不来。前边会众的中幡，都是停下来表演，提着中幡进来的。宝三可不屑于这么做，因为如果这么做就栽了面儿了。他在过街楼前一边舞，一边就琢磨开了。对于中幡高手来说，这十几米高的楼子倒好办，就是七八米的厚度让他为难。但正所谓"艺高人胆大，胆大人艺高"，宝三思来想去始终没有结果，索性豁出去了。只见他舞着中幡向后倒退，丹田拔力，猛然间大吼一声，把幡向楼上抛去，跟着他飞

过街楼遗址

奔进门洞儿，出洞儿后眼瞅着中幡头朝下坠落下来。就在要落地的瞬间，就见他急如闪电般腾空而起，脚尖点了幡杆一下。那幡倒也听话，扑棱一声又翻上高空，再下来时变成了大头朝上了，于是宝三威风八面地手一拍杆，中幡稳稳地落到他的肩上。

这一手，真是千古绝技，为鲜果圣会拔了头份儿！据说，他得到会众赏银三百。模式口八九十岁的老人提起宝三这手绝活儿，至今还挑大拇指。

明英宗赐名的"法海禅寺"

法海寺位于模式口蟠龙山北面，现在是国家级文物保护单位。它建成于明正统八年（1443年），由英宗朱祁镇的太监李童首先倡议，在众多官吏、喇嘛、僧尼、百姓等的募捐下修建而成。英宗赐名"法海禅寺"，取"佛法广大难测，譬之以海"之意。

这座寺庙的建成有一个有趣的故事。传说明英宗一日出殿夜游，抬头忽见紫微星发暗，而其旁一星则明亮，便疑有人欺主。他问近侍太监李童原委，李童一时难答，于是奏曰："西边或有贼星欺主。"并请求微服私访。十几天后，李童回奏曰："臣至翠微山下，见有一村叫磨石口，磨石口之北有一条山岭叫蟠龙山，山下街道亦建成龙形，欺主之星应在此山脉及道路上。"李童建议，建庙破此局势。英宗准奏。于是李童着手建庙，历时四年建成了法海寺。后李童又建议，再建两座庙，以保证此地"贼星"永不欺主，遂相继建成承恩寺和慈祥庵。

法海寺的大雄宝殿前，挂着一座高1.75米，底部直径1.21米，重1吨多的大铜钟，据说是建寺时所铸。铜钟铸造精细，形制奇巧，内外壁铸梵文《金刚经》和《法华经》。钟声圆浑深沉，悠长洪亮，可传数十里。大雄宝殿前还有两株高近百尺的白皮松，树龄已有千年，是北京地区最老的树种之一。

法海寺之所以闻名，主要是由于寺内满墙绘有壁画，其严谨的艺术构思和精细的表现手法，令人叹为观止。主殿内是全寺壁画的精华所在，整个大殿四面墙上画满了七十七个人物，所绘人物惟妙惟肖，而且绘制相当精细，还原了人物每一个细节，若仔细看，会发现甚至连人物耳朵后面的发丝都清晰可见。壁画历经五百年还这么光鲜，可见当年用料之精细。人们走进大殿如被仙人围绕，好似来到了瑶池天庭。

《中国绘画史》提到："明代寺庙壁画，流传至今的，南北各地都有。其中以北京法海寺的壁画保存较好，制作也精……法海寺壁画，虽然是15世纪中期的作品，但可以同敦煌的宋、元壁画媲美。"

如此精美的法海寺，到了民国初年，就处于无人管理的状态，后来干脆被为村子供电的电力公司接收了过来，成为电力公司办公的地方。到1949年前夕，这里又住进了许多居民。据一位在庙里住过多年的大爷说："曾有一邻居家养了几只母鸡，但从来不见它们下蛋，后来偶然见到母鸡从天王的头顶飞下来，搭梯子上去一看，敢情在天王的发冠上抱窝呢！"后来，大家从这两个天王的头上，捡下来近百枚鸡蛋，而这沾过"佛光"的鸡蛋，甚至引得城里大宅门的人，千金

模式口去往法海寺路边的石刻

来求。

在法海寺对面山梁上，有一面积很大的地方用墙圈着，里面是清平伯家族墓。模式口山上，像这样的围墙很多，多为明清两代遗存，成为此山一景。

从法海寺向蟠龙山上爬，约二十分钟，就到山顶了。从山顶俯视山下，只见苍松翠柏，绿意葱葱。而人置身于大山的怀抱之中，倍感其雄伟壮观。

法海寺所在的蟠龙山上，有目前北京地区发现最早的植树碑，正镌"辑威将军京兆尹刘梦庚手植"，背刻"中华民国十三年植树节"的石碑高1.6米，底部宽0.4米。刘梦庚，湖北省潜山人，1923年至1924年任京兆尹，石碑是他与当地老百姓在蟠龙山植树之时立的。

承恩寺院墙四周有瞭望更楼

承恩寺在模式口大街东段，其对面便是北京市第九中学。该寺建于明朝正德年间，占地约三十亩，寺内共计四进院落，坐北朝南，建筑规模宏伟，布局严谨。自南至北，依次为山门殿、天王殿、大雄宝殿、后殿。大雄宝殿两侧有配殿、厢房数十间。寺内原还有明碑两座，一为皇帝敕谕碑，于明正德八年（1513年）立；一为吏部尚书李东阳撰记，于明正德十年（1515年）立。

寺庙院墙四周有瞭望更楼，形似碉堡，为明清寺院所罕见，据传寺内还有地道连通各处。原山门殿、天王殿、大雄宝殿皆有壁画，现

第二辑

旧城

仅存天王殿的四铺壁画。四铺壁画各绘一腾龙，在祥云中飞舞腾跃，栩栩如生，反映了明代壁画艺术的多种风格，非常珍贵，具有重要的研究价值。

这里从建寺以来就有"三不之规"，也就是不受香火、不做道场、不开庙，说白了就是不对大众开放。原来承恩寺鼎盛之时，模式口的半条街都是它的庙产，和尚们不缺那点香火钱。

建寺时的第一位住持永德大和尚，任职国家僧录司左觉义。到了明中期，这里又出了一位"代光宗舍佛者"，也就是做皇帝的替身，代替皇帝出家修行。"帝僧"住在这座寺中，这庙的待遇可想而知。到了清代，皇帝把它赐给了礼亲王府作为家庙，更变成了三尺禁地。光绪皇帝的六叔恭亲王、亲生父亲醇亲王，在不得志时常爱到寺中与老和尚品茶下棋，排解心中的烦闷。

康熙与模式口龙泉寺

法海寺西面是龙泉寺，龙泉寺的东、西、北三面环山，南面有悬崖，龙泉寺就像坐在太师椅上。

法海寺内现存胡濙撰写的《敕赐法海禅寺碑记》，碑文在谈到法海寺之西的龙泉寺时，有"玉河乡水峪龙泉古寺"的句子，说明龙泉寺早于法海寺。龙泉寺坐北朝南，山门三间，门前有旗杆石座一对。正殿三间，前有月台。东西配殿各三间，南厢房三间。寺之西部为龙泉和茶室。东部小院名自在庵，有屋五间，现已坍塌。

龙泉的泉水处于崖壁之下的石室之中，水量稳定，冬不枯，夏不溢，水质甘洌可口，但是到20世纪70年代水量逐步减少，80年代时泉水枯竭。现在，此处石室作为龙泉寺的茶社，供游人闲歇。

传说康熙皇帝曾到过龙泉寺，还曾与方丈有过一段对对联的故事。

传说康熙皇帝早闻京西龙泉寺的老方丈棋艺很高，加之又听说龙泉寺的泉水甜美，正好可以边饮茶边对弈。于是有一天，皇帝便来到龙泉寺，和老方丈下起了棋来。老方丈的棋艺果然很高，一连下了三盘，皇帝全输了，他面子上有点过不去，很想难为一下老方丈。

康熙皇帝认为自己博学多才，就想用拈联的方式，难为难为老方丈。于是，他说："长老的棋艺的确是名不虚传，朕欲赐长老御宴，只是时辰尚早，不如拈联答对，凑趣助兴，长老意下如何？"老方丈起身叩谢道："谢圣上隆恩，贫僧斗胆，请赐上联。"康熙略加思索，说："山石岩下古木枯，此木是柴。"他出了上联，心想："我这上联不但打'岩''枯''柴'三字，而且它们坐着的地方正对着山顶上的一棵枯树，下联要对得恰当谈何容易！"

不料老方丈略一沉思，随口而出："白水泉边女子好，少女真妙。"

康熙一听这下联对得无懈可击，心想："难道老方丈真是个高人？那我也就不虚此行了。"心中暗喜。这时，御宴已经摆好，康熙指着桌边的两盘豆说："豆。"和尚看到桌上放着一瓯油，就道："油。"康熙说："两碟豆。"和尚说："一瓯油。"

康熙想了想，又说："长老差矣，我所说的并非酒宴席上的豆，

059

而是两对蝴蝶在花丛中戏斗。"

老方丈从容对答："万岁！我所说的，也并非酒席宴上的一瓯油，而是一鸥鸟在池塘里戏游。"

随后，康熙同方丈同桌进餐。席间两人谈着汉赋、唐诗、宋词、元曲，各发高论，康熙皇帝暗喜，终于找到了可以与自己谈古论今的人，渐渐地，老方丈与康熙皇帝交上了朋友，皇帝经常到龙泉寺看望、请教，老方丈也经常为皇帝的治国安邦出谋划策。

溥仪"后半生"的开始

溥仪在模式口住过的地方，没有任何标记，甚至连个门牌号都没有，在这座房子里，溥仪落笔开写《我的前半生》。

当年溥仪被特赦后，来到北京居住的地方在第四纪冰川遗迹陈列馆东面的山坡下。我在这里遇到一位满族贵族后裔——模式口中医院的常山院长，他讲述了不少老辈人口传下来的历史，让我们受益匪浅。

1959年12月4日，溥仪获得特赦。12月9日，溥仪回到北京，暂住五妹韫馨家中。第二天，到北京市民政局报到。第三天到西城公安分局厂桥派出所申请办理户口。1960年2月16日，溥仪到中国科学院植物研究所北京植物园报到。9月15日，溥仪被批准参加植物园的民兵训练。11月28日，溥杰被特赦，溥仪和溥杰在北京重逢……

中国最后一个皇帝在模式口的居所没有任何标记，甚至连个门牌号都没有。溥仪的模式口居所也随着他的离去和时间的流逝，即将在他出生的这座城市彻底消失。尽管如此，在这座房子里，溥仪完成了从皇帝到公民的转变。

溥仪特赦后的两年多时间里，一直过着单身生活。后来，经人民出版社编辑沙曾熙和政协文史资料委员会专员周振强介绍，溥仪与北京朝阳区关厢医院的护士李淑贤相识。1962年，三十八岁的李淑贤嫁给了时年五十七岁的溥仪。同年6月1日，溥仪同夫人李淑贤就搬入北

模式口大街东口的题字巨石

溥仪在模式口住过的地方

京市西城区东冠英胡同40号。

模式口大街，沉淀的不仅仅是历史，更散发着一种浓郁的纯朴、自然与宁静的文化韵味。

宣南文化博物馆里的长椿寺

　　研究一个城市的历史文化，离不开城市的起源，"宣南"正是有着三千年建城史的北京的源头之一。

　　"宣南史迹，源远流长。周封蓟城，金建中都。古都北京，始于斯也。"——这是著名地理学家侯仁之先生的话，如今记录在北京宣南文化博物馆内。

　　宣南文化博物馆既不太为人所知，也不容易发现。它隐于西城区长椿街东侧一条斜街上，就在宣武医院对面，而宣南文化博物馆和宣武医院本来是长椿寺的一部分。

　　长椿寺是北京历史上最大的寺庙之一，不过在南城寺庙中，其历史不算很久，始建于明万历年间。

　　明神宗万历皇帝的生母李太后，家住现在的通州地区。她自幼家贫，被父亲李伟卖到通州的陈家，做了陈小姐的丫鬟。万历皇帝的父亲隆庆皇帝在即位之前做裕王时，娶陈小姐为王妃。李太后也随陈小姐进了王府，并为裕王生了儿子。裕王即位为隆庆皇帝时，封陈小姐为皇后，封李氏为贵妃。隆庆皇帝死后，因陈皇后无子，李氏十岁的儿子朱翊钧即位，为万历皇帝。陈皇后和李氏同时升为皇太后。但李太后出身微贱，总觉着自己的地位低于陈太后，于是她宣称自己是"九莲菩萨"转世下凡，并广建寺庙，想借着佛教的光环来抬高自己。《明史·后妃传》说她"好佛，京师内外多置梵刹，动费巨万，

第二辑

旧城

宣南文化博物馆院内

（万历）帝亦助施无算"。

明万历二十年（1592年），李太后兴建了长椿寺，并在寺中供奉着象征自己的"九莲菩萨"画像。万历皇帝为寺院命名为"长椿"。此名出自《庄子·逍遥游》"上古有大椿者，以八千岁为春，八千岁为秋。此大年也"，意在祝福李太后长寿。万历皇帝还让长椿寺住持的大弟子做了代自己出家修行的替身，并赏赐寺庙大量钱财。

李太后死后人们叫她"九莲菩萨"，所以长椿寺里一直保存着一幅九莲菩萨像。另外，明代最后一个皇帝崇祯想念他的生母孝纯刘太后，让画家画了一张刘太后像，也挂在长椿寺内：崇祯五岁时，生母刘氏就遭父亲责罚惨死。他做了皇帝之后，追尊母亲为太后，但他忘记了母亲的模样。于是请外祖母及昔日母亲的同伴指点画工，描绘了母亲的画像，供奉在长椿寺中。

几经天灾与战乱，长椿寺改变很多。后来，北京市政府搬迁了院子中的居民，重新整修后，把这里改成一座展示宣南地区文化和历史的博物馆。长椿寺坐西面东，有前殿、大殿与后罩楼，虽有改建，但原有建筑基本完整。长椿寺中路主要建筑——藏经阁，成为举办临时展览的展厅。

院中的古树参天，可供游客小憩，大门上有两张特别醒目的公益广告，写的是：积德行善、收获吉祥。但愿来客增多，人人都能"积小善，成大德"。

老北京的牌楼

　　北京的牌楼也叫牌坊。牌楼既能作为装饰性建筑，增加主体的气势，也可表彰、纪念人与事，并可作为街巷区域的分界标志等。可以说，老北京每座牌楼都是一段北京历史的见证者，每座牌楼都有重要的意义，它们古色古香，引人入胜。据记载北京有名的牌楼有三百多座。

　　牌楼，像一位沧桑的老人，跟我们诉说着它背后鲜为人知的故事……一座座牌楼代表着的一位位人物、一个个故事，连起来就是一部城市文化历史。

　　东汉许慎《说文解字》中说："坊，邑里之名，从土方声。"《玉篇》中说："牌，牌榜。""榜"在这里的意思是匾额，两个字合在一起成的"牌坊"，俗称牌楼，是中国特有的一种建筑形式。《中国大百科全书》说："牌坊起源于汉代坊墙上的坊门，门上榜书坊名以为标记，宋以后随着里坊制的瓦解，坊门的原有功能消失，但坊门仍然以脱离坊墙的形式独立存在，成为象征性的门，即为牌坊，立于大街、桥梁的显要位置。牌坊在南宋已经出现，至明则成常制。牌坊还有表彰性的意义。其源于汉时的'榜其闾里'，经唐宋之'树阙门闾'，至元明清已改用'旌表建坊'的做法。"这就是对牌坊或牌楼的历史简单而准确的概括。但其实牌坊与牌楼还是有区别的，其区别似乎就在于外观上是否建有重檐的顶子，有顶的叫"楼"，无顶

颐和园的一个牌坊

的叫"坊"。而且由于表、阙在战国前就已存在，那么如果按"有城必有阙，有街必有坊"的说法，牌楼起源还要早些。

　　数百年国都，北京的殿堂、庙宇、大建筑群，以及其他需要纪念、表彰的事件与人物相对较多，作为装饰性的牌楼也就多了起来。元大都时，全城分为五十坊，明代分为四城三十六坊，清代分五城，但坊没变，这也是北京牌楼多的一个原因。

　　世界闻名的天安门原是一座牌楼，名为承天门，上悬"承天之门"匾额，该牌楼面阔九间，黄琉璃瓦铺顶，象征着明朝皇权"承天启运，受命于天"，是北京城历史上规模最大的牌楼，建于明永乐十五年（1417年）。后来承天门被大火烧毁，清顺治八年（1651年）

重建，修成了现在的城楼模样。

老北京的街道上，曾建有不少牌楼。现在所剩寥寥，但仍有地名可寻。北海公园内有牌楼二十座，其中最有特点的是濠濮间七折曲桥上的石牌楼，小巧玲珑，是北京第二小的石牌楼，而最小的石牌楼在颐和园谐趣园。北京最大的石牌楼是十三陵神路牌楼；北京建造最早的琉璃牌楼是东岳庙琉璃牌楼；最大的衙署牌楼应该是正阳门五牌楼。北京牌楼可以说到处都有，有些地方还特别多，如颐和园内有牌楼四十一座，仅后湖一带就有十九座，而其园门外还有五座。除此以外，东单、西单、东四、西四等处也都建有牌楼。东单牌楼和西单牌楼是两座建于明代形制相同的木牌楼，均为三间四柱三楼冲天式。东单牌楼额曰"就日"，西单牌楼额曰"瞻云"。1916年，袁世凯将东单改为"景星"，西单改为"庆云"。牌楼已无存，仅留东单、西单之地名。

前门五牌楼本身并不是五座牌楼，而是一座五间六柱冲天式大牌楼，始建于明，后拆除，其址在今前门大街北端地下通道处，前些年又仿建了一座。

成贤街上有四座建于明代、形制相同的牌楼，都是一间二柱三楼垂花柱出头悬山顶式，是北京街道中少见的，现仍然存在，且常修饰维护。外两座额曰"成贤街"，内两座额曰"国子监"。国子监内的牌楼是明代建的，那时这里是全国的最高学府。牌楼的匾额上有"国子监"三个字。屋顶上是黄琉璃瓦，标志着皇家权威，清乾隆年间还题匾额"圜桥教泽"，背面是"学海节观"，表明了皇帝对学子们的关怀和期望。

现存的还有一座就是立在中山公园里的"保卫和平"的牌楼。当年，德国公使克林德肆意向我国挑衅，被清军官恩海击毙在总布胡同西口，却成了八国联军入侵北京的"口实"。为讨好洋人，清政府竟在克林德被击毙的地方，用了三年，建了汉白玉的克林德牌坊，这是民族之耻；第一次世界大战后，德国战败，这座牌坊被拆除，移到当时的中央公园，上面书写"公理战胜"；中华人民共和国成立后，由郭沫若题字"保卫和平"，由此，这座蓝琉璃瓦屋顶的牌坊的命名总算尘埃落定了。

北京还有一些不是牌楼的"牌楼"，如西琉璃厂有一家书画社的门脸就修成牌楼式样，在街口不仅显眼，而且和街区氛围一致，颐和园苏州街也有许多类似的牌楼。

巍然矗立的牌楼，向世人诉说着老北京昔日的文化。我站在牌楼前，凝望着，感受着，聆听着牌楼诉说那些属于老北京的故事……

老北京的砖雕

　　我喜欢在胡同中穿行，爱看四合院瓦檐下那雕刻精美的砖雕，看大门两侧的墙上出现的砖雕影壁……北京砖雕根植于古都京城，表现了皇城的雄伟大气与华丽精细，砖雕既反映了一种建筑风格，又反映了一种传统文化。四合院是砖雕的载体，而四合院的门楼则是砖雕的重点装饰部位，比如香饵胡同7号门楼上，有一大块极其精美的镂空砖雕，据说很多人都曾坐在门前把它一笔一笔地勾画了下来。

　　砖雕艺术历史悠久，早在春秋战国时期就已有制作，留有"厚敛雕墙"的记载。北京始建年代较早而遗存至今的宗教建筑，比较容易看到大量的砖雕，如房山云居寺的辽代北塔，昌平银山塔林的唐塔、元塔，石景山西山八大处的辽代招仙塔，门头沟区始建于晋代的潭柘寺，西城区始建于唐贞观年间的法源寺，通州区辽代建的燃灯塔。塔上的神像人物砖雕特别吸引砖雕艺术的痴迷者，比如燃灯塔每面都有精美的砖雕，须弥座双束腰的上腰三壶门内镶仙人，各角雕力士，力士披甲顶盔；云居寺北塔上能看到音乐人的形象，角雕的力士个个都威猛神武。

　　寺庙殿宇的正脊、垂脊、戗脊也是砖雕艺术的精彩舞台，宝顶、大吻、角兽、仙人虽是定制的，但各个寺庙并不完全相同，各显风采。

　　山墙上的透风也是砖雕艺术的用武之地，比如法源寺的透风雕八

东棉花胡同 15 号院的刘凤山故居

吉祥图，有宝瓶、盘长结、双鱼等，是既有实用性，又精美小巧的吉祥艺术小品，富有观赏性。

根据门楼宅第的不同，在门楼、门头、戗檐、门礅儿上进行图案设计，按照图样的尺寸去烧制澄浆泥砖，为了做出精美的砖雕，工匠们要采用薄肉雕、浮雕、透雕和线刻等多项高难的技法，在砖上雕刻。其中以浮雕最具特色，有些画面的精彩部分，则单独制作，后再镶在砖面上，如花朵、兽头。

在做门头砖雕时，工匠们往往会采用拼接的方式，如用两拼、

第二辑

旧城

071

京西立马关帝庙的砖雕

四拼、六拼、八拼等完成门头的整个砖雕装饰。工匠熟练运用刀工技巧，将画面上所呈现的人物、花卉图案一一雕刻出来，一般雕完后不再另行打磨，几块砖雕拼砌在一起，就形成了巨幅的佳品了。

若要再细说老北京砖雕，首先不得不说的是北京东棉花胡同15号院的刘凤山故居。据资料记载，刘凤山，清末著名人士，隶属汉军镶白旗，曾任清新编陆军第一镇统制，后调任广州将军。时武昌起义爆发，他不顾下属劝阻去广州赴任，1911年10月25日被革命党人炸弹暗杀。刘凤山故居内现已搭建了许多临时建筑，唯有院首的拱门非常精美，透过形象生动的砖雕，让人依稀能想象当年的繁华。拱顶栏板上雕着"岁寒三友"松、竹、梅，拱券上石榴花怒放，叶子缠绕有致，拱门两侧雕有多宝阁，阁内为暗八仙图案。

秦老胡同35号的如意门砖雕，处处是"蝙蝠"，嘴里还叼着"桃"和"暗八仙"，前细瓦厂13号砖雕门楼，西安门大街141号砖雕门楼，粉房琉璃街124号戗檐砖雕，还有已经消失的米市胡同115号关帝庙（潘祖荫祠）戗檐砖雕都极为精致。从东四路口往南的礼士胡同里的129号宅院原是清末武昌知府的豪宅，电视剧《大宅门》曾在这里拍摄过外景，其宅院墙上有十几块大幅清代砖雕。据说，如此精美的砖雕甚至在故宫都找不到。

北京砖雕题材以花卉为主，还有动物、人物、字体等。如凤戏牡丹、四君子、富贵牡丹、五蝠捧寿、荷花、竹子、岁寒三友等。戗檐雕刻题材尤其广泛，如鹤鹿同春、子孙万代、麒麟卧松、太师少师、博古炉瓶、鸳鸯荷花、玉棠富贵等。戗檐侧面的砖雕缝头上还常刻有万事如意、太极图等图案。

第二辑

旧城

纹饰是最让人眼花缭乱的，其内容往往只有专家级的研究者才能准确地辨识出来。有花卉纹、鸟兽纹，还有花卉与花卉组合、花卉与兽鸟组合、花卉与字组合等。

北京砖雕艺术被称为中国砖雕艺术"四大名旦"（京雕、徽雕、苏雕、晋雕）之首，大多作为大门、照壁、祠堂、戏台、园林等建筑的装饰，广泛用于老北京建筑。明清两代是古代砖雕艺术发展的繁荣时期，这个时期砖雕的应用非常广泛而且题材多样新颖，装饰雕刻精巧，富贵华丽。

在旧民宅里，砖雕是传统的民间艺术，从一个侧面见证着历史上的民间生活，是民俗生活的一部分。它的功能有美化家宅的作用，有炫耀显示家庭、家族社会地位、经济实力的成分，更主要的却是为求吉、避灾、镇邪。因此，它的题材基本都是在传统中形成的吉祥题材。设雕刻的镇邪物也是为了求吉，它们是中国传统吉祥文化的一部分。

"有图必有意，有意必吉祥"，民间的砖雕从图案类型上，有文字，有纹饰，有图画，有神像，还有仿木建筑构件，吉祥文字常见的有"泰山石敢当""鸿禧""福""禄""寿"等。

随着城市的建设开发，北京有些老胡同已消亡，四合院消失了不少，很多老街道也很难找到了，使得砖雕艺术更显珍贵。

东棉花胡同 15 号院刘凤山故居的砖雕

075

老北京的王府

　　每当走进北京古城的王府，就犹如打开了一段你无法预想的久远的故事。它们是过去的精彩，是今天我们悠悠怀想的留恋。王府文化是连接宫廷文化和平民文化的桥梁。

　　清朝北京王府都建在内城，其中多集中在西城区，北京西城区王府的数量之多、高爵显贵之多，全国罕见。清王府建造分为三个时期：清朝初期以八大铁帽子王的王府的建造为代表；康熙、乾隆和雍正时期，以为皇子建造大量王府为代表；清末的王府大多是沿用或改建前代老王府。

　　清朝王府建筑的规格严格按照宗室爵位的等级，王府分为亲王府、郡王府、贝勒府、贝子府四个等级。当年的王爷们住宿如五星级酒店，吃喝如皇帝一般，风景胜过蓬莱仙境，侍卫成百上千。旧时有"礼王府的房，豫王府的墙"的民谣。礼亲王一家祖孙三代被封为"铁帽子王"，号称"王中王"。大殿门下部雕有云龙，工艺为明代手法。王府的主要建筑，分前后两组。前部有正门（宫门）、正殿及其两侧翼楼，后殿及其两厢配殿。后部自成庭院，前为内门（二宫门）、前堂、后堂及其两厢配房，最后为后罩楼。

　　提到王府，从知名度等诸多因素考虑，肯定首先要说恭王府。恭王府能让人最感兴趣的两点，无非是当年和珅用来储存宝物的巨大库房以及寓意深刻的"福"字。"月牙河绕宅如龙蟠，西山远望如虎踞"是史书上对恭王府的描述，可以看出它占据了京城绝佳的位置。

恭王府位于前海西街，是北京保存得最完整的花园式王府。这座宅院如一面镜子，见证了清王朝由鼎盛至衰亡的历史进程，承载了极其丰富的历史文化信息，故有"一座恭王府，半部清代史"的说法。

2008年8月20日开始，有两百三十多年历史的恭王府府邸首次对公众开放。此府曾为京师一百多座王府之冠，可以称之"人间神仙府，什刹海的明珠"。

醇王府在清朝末年出了两位皇帝。王府原位于内城西南角的太平湖畔，光绪皇帝即位后这里即成为"潜龙邸"，称之为"南府"，现在为中央音乐学院。新府迁到了什刹海北岸，被称为"北府"，末代皇帝溥仪便出自北府。由于溥仪的降生，醇王府再一次成为"潜龙邸"，载沣一家需要再次搬迁。然而，当第三座醇王府正在修建时，辛亥革命爆发，封建帝制被推翻，延续了二百七十六年的清王朝走向覆灭。然而，两度"潜龙"、三次搬迁的醇王府多年后在人们的记忆中变得颇具传奇色彩……

紫陌繁华已烟消云散，唯有苍老的建筑仍诉说着过往的历史。但如今，北京城内的众多府邸或成为办公场所，或沦为大杂院，或改作寺院，或变作了私人宅院，而那些府邸中原来的一些老建筑或被改建得面目皆非，或仅剩几块老砖，或仅残留几个石磴……其实，应该好好去琢磨一下如何做好王府建筑文化的传承。

第二辑

旧城

老北京的花神庙

清风徐来，繁花盛开。

春天是京城最清新的季节，更是爱花人的天堂，三、四月份的京城花香四溢，为您奉上老北京的花神庙，谈古论今，留住稍纵即逝的美好。

一座城市，有了花便有了灵气。

花神，顾名思义为花之神。我国最早的花神、花仙的记述出现在《淮南子》中——统领群花，司天和以长百卉的花神叫女夷，也叫花姑。传说中有牡丹花仙戏于花朵丛中。确有记载的是宋代《夷坚支志》中杜鹃花变成神仙的故事。

古人对一些神仙鬼怪是因畏而敬，因敬而再拜。花神则不然，自古以来人们皆有爱花之心，选择的花神多是由爱转敬，更无畏惧之意。宋以后，花神的记载开始增多，凡名列花神的皆是能与花结缘，善于种花、赏花的古代人物，尤其是相貌超群的美女和雅士。

旧京遗存的几座花神庙

北京大学的未名湖畔曾有一座花神庙，也称慈济寺，始建于清乾隆年间，庙门是花神庙仅存的建筑。本来庙门正对面有一正殿，两边各有偏殿，清咸丰十年（1860年）英法联军焚毁圆明园时，作为圆明园附属园之一的淑春园同时遭遇焚毁，园中建筑多毁废无存，庙宇也毁于这场灾祸中，只有庙门得以保存。

还有一处著名的花神庙，就是陶然亭的花神庙。原址位于陶然亭公园湖心岛上的锦秋墩顶上，现已无存，原址现为锦秋亭。花神庙又称花仙祠，是一座内有十二仙女像的三楹小房，四周绕以短垣。据《北京寺庙历史资料》记载："建于清康熙三十四年（1695年），属募建。本庙面积一面一分四厘七毫五丝，共房五间。管理及使用状况为自行管理，出租得价僧人用度。庙内法物有花神泥像十三尊，泥站童两尊，砖供桌一座，铁磬一口。"

颐和园里也有座花神庙，坐落在苏州街北侧的小山上，妙觉寺的东侧，是目前北京唯一保存完整的专供花神的庙宇，也是颐和园内最小的一座寺庙，只有一间房子，可谓袖珍小庙。此庙建于清光绪十四年（1888年），是慈禧太后重修颐和园时添建的庙宇。寺庙坐东面西，供奉花神、土地和山神，光绪二十六年（1900年）寺庙遭八国联军破坏，1990年复建，重塑神像。

名头最大的花神庙

说起北京名头最大的花神庙，当数丰台区花乡的西花神庙和东花神庙。

丰台自元代开始，就成了北京最大的花卉种植园区。《析津志》

说："京师丰台芍药连畦接畛，荷担市者日万余。"这说明北京在元代时花卉生产的商业供求十分兴旺。据《春明梦余录》记载："今右安门外西南，泉源涌出，为草桥河，接连丰台，为京师养花之所。"从文献记载中不难发现，由于草桥、黄土、樊家村、纪家庙、刘家村一带地势平坦，水源充足，土质疏松、排水良好，加之交通便利，丰台成了栽花卉植物的优良之地。《日下旧闻考》云："草桥众水所归，种水田者资以为利。十里居民皆花为业。有莲池，香闻数里。牡丹、芍药，栽如稻麻。"从历史记载可知。这里不仅建有亭馆，并已有相当发达的花卉栽培业。以种植花卉为生的花农们每年都期望鲜花产销双丰收，故在明代，花乡一带的花农们先后集资建成东、西两座花神庙，以祈求花神庇护，相信只有虔诚供奉花神，才能使花卉生产和收入越来越好。

花乡夏家胡同的花神庙，俗称西庙，建于明代万历年间，清道光二十三年（1843年）重修。该庙南北长约二十二丈，东西宽约十丈，前殿三间，后殿三间，东西配殿各有十四间。后殿供奉真武像，前殿供奉十三位花神像及牌位，有梅花神、桃花神等，也就是说，即便是闰月也有花神执事。在庙门上端悬有"古迹花神庙"的匾额。这里是花农们祭祀花神的场所，也是丰台附近各处花行同业公会的会址和会馆。每年农历二月十二日为花王神诞辰之日，花乡丰台一带的花农都到此进香献花。三月廿九时，附近各档花会照例到此献艺，谓之"谢神"。清末民初时该庙的香火不再旺盛，庙会也逐渐消失了。

草桥东南镇国寺村的花神庙，俗称东庙，建于明代，占地约三亩，寺内曾有五间大殿和东西配殿，大殿中有三位花神的塑像，墙

北京大学的未名湖畔曾有一座花神庙，也称慈济寺

上还绘有各种花神像。每逢节日，花农来这里祈求花木丰收、销路旺盛。这里的香火曾盛极一时，可惜在清光绪二十六年（1900年）被八国联军烧毁。岁月流逝，两座花神庙都在时间的流转中消失殆尽，只留下淡淡的一抹香气。

相传农历二月初二，或农历二月十二为"百花生日"，民间又叫"花神生日""花朝节"。这天，北方花农要在花神庙祭祀花神，搭台唱戏。人们除赏花踏青外，还用红、绿色绸布条挂在各种花卉枝上以向百花祝贺生日，地方官员要到郊外去向农家赐酒，劝以农桑，告以勤劳，此风俗曾延续数百年不改。花神庙一年四季自然是香火不断。曹雪芹也把冰清玉洁的姑苏佳人林黛玉的生日安排在二月十二，让她与花神同诞，这恐怕不是巧合，而是为了谱写其短短一生的绝代芳华。

供奉十三位花神为哪般

清朝学者俞曲园所著《十二花神议》中记载，历代花神有男有女，如诗仙李白、南北朝陈后主、杨玉环、陶渊明、寿阳公主、汤显祖等都在花神之列。

有关花神的故事流传很广，被大家普遍接受的花神为古代的十二个美女。十二花神个个都是德才兼备、品貌俱佳，且都有一段与花卉有关的美妙传说，成为花行普遍认可的保护神。她们是：一月梅花神，南朝宋武帝刘裕的女儿寿阳公主；二月杏花神，唐代的杨贵妃；

三月桃花神，春秋息国的息夫人；四月牡丹花神，传说为汉武帝的宫女丽娟，又说为东汉貂蝉；五月石榴花神，北齐安德王妃李氏；六月荷花神，春秋时期的西施；七月葵花神，汉武帝妃子李夫人；八月桂花神，唐太宗的才女徐惠；九月菊花神，晋武帝的左贵嫔；十月芙蓉花神，五代后蜀国孟昶皇后花蕊夫人；十一月茶花神，东汉时期王昭君；十二月水仙花神，神话人物洛神，传说是黄河之神河伯的配偶。

可以看出，古人选择花神是不分时代、人物、身份和背景的。诸位花神五花八门，有的未免牵强，附庸风雅。

据记载，花乡花神庙供奉了十三位花神，当时的建庙人为了让每个月都有花神司职，还安排了闰月花神，这样使花神与年月均对应排列。遇有闰年闰月时就不会没有花神值守了。花乡花神庙供奉的十三位花神究竟是哪几位呢？现流传多种说法：一种认为均是女花神；另一种认为男女花神都有。因花乡花神庙的十三位花神史书上未留下图片和文字记载，所以很难下定论。不过从目前所存的南北方的花神庙普遍以供奉十二位女花神居多的现象推断，花乡花神庙极有可能是供奉着大家公认的十二位女花神，只不过又多添了一位女花神而已。随着花乡花神庙的败落，花神的传说也被人们慢慢淡忘了。

老北京的土地庙

　　春天到，大地复苏，万物生长。在旧时，每到春天，特别是农历二月初二前后，人们有一个非常重要的活动——到土地庙祭祀土地神。在民间，土地神俗称"土地爷"。古代，人们认为土地爷是"地方行政"神，他能保卫一方乡土的平安，能抚慰百姓心头的伤痛，也能保佑人们丰衣足食。

　　虽然土地爷只是"基层神明"，但土地庙里的香火一直颇盛。老百姓祭祀土地神的习俗，历经数千年。清代时，在京师宗人府中，亦设有土地祠，让宗人府的官吏们在此祭拜土地神。

　　明清时的北京城，几乎是一巷一庙、一街一寺，而最多的就是关帝庙和土地庙。据《乾隆京城全图》记载，北京城有四十多座土地庙，但实际上，北京的土地庙远不止此数。在其他道院中的三圣庙、五圣庙、七圣庙中，几乎都有土地神。北京城里规格最高的"土地庙"，应该算是"社稷坛"（中山公园内），它是明清两代皇帝祭祀土地神的地方。

　　除此之外，在老北京，有重要影响的土地庙有南城的都土地庙、金甲土地祠等。另外，还有北极阁一带的大土地庙、小土地庙，交道口的土地庙，海淀老虎洞的土地庙等，数不胜数。可惜的是，这些土地庙今已大多无存。

　　都土地庙，其旧址在如今宣武医院一带。原有大殿三层，供奉土

社稷坛

地爷和土地奶奶。当时土地庙的香火很盛，时常有人到庙内烧香磕头送香钱。清光绪《顺天府志》载："每旬之三有庙市，游人杂沓，与护国、隆福两寺并称胜。"足见土地庙会规模不同一般，它也被列入老北京的五大庙会之中。

在西城区阜成门内大街路南有一条小胡同，旧时叫追贼胡同（现在叫民康北巷）。在胡同的北口，有一座只有一间门脸儿的"超小"土地庙，叫金甲土地祠。需要指出的是，阜成门内的金甲土地祠，庙虽小，但在当时的名声却很大，这是为什么呢？这个庙还有这样一段故事。话说明朝末年以李自成为首的农民起义军北上，一路所向披靡，兵临京城，京城内一片混乱。这时在阜成门内有个更夫，名叫王

第二辑

旧城

四，喝酒喝醉了，一路摇摇晃晃地走到附近的一座关帝庙，他见庙内有老百姓烧香还愿时挂在关帝身上的黄袍，便拿下来穿在自己身上，还将关老爷的青龙偃月刀抄在手中，到街上撒酒疯，并扬言，李自成要敢进城，就砍他的头。附近的老百姓还以为是关老爷显圣。李自成打进北京城后，知道是更夫酒后闹事，就将王四斩首。待清兵入关坐了天下之后，顺治皇帝听说了王四的事情，为了维护自己的统治，把王四的行为看作"精忠报国"，就下诏敕封王四为"金甲土地爷"，并建了一座小土地庙，即"金甲土地祠"。庙内塑了王四像，手里拿着青龙偃月刀。由于统治者历来对起义者一贯称"贼"或"匪"，因而那条小巷也被称为追贼胡同。

另外，北京的大街小巷还有许多知名或不知名的土地庙。如今的北极阁二条，历史上称小土地庙胡同，因胡同东口有一小土地庙而得名。民国后沿称，1965年整顿地名时才改称北极阁二条。北极阁四条，清乾隆时称土地庙胡同，宣统时称大土地庙胡同。因此地曾有一土地庙，因规模较大被称为大土地庙，故此得名。民国后沿称大土地庙。1965年整顿地名时改称北极阁四条。

现在交通部大楼边上有两棵用铁栅栏围起的枣树，这原是胡同口的枣树。马路对面的于谦祠一层也是一座土地庙，因此，于谦祠正门所对的那条胡同在历史上被称作"土地庙下坡"。

东城区交道口以南路西原有土地庙，始建于明代，民国时被警备侦缉队占用，现已无从考证。有首民谣是这样唱的："交道口跳三跳，隔壁就是土地庙；土地庙求灵签，隔壁就是大兴县……"

据《海淀古镇风物志略》一书记载，海淀区老虎洞胡同西口路北的拐角处，是利顺祥烟铺后院，那里有一处用石头垒砌的小洞，洞中就有一座小土地庙。

在海淀区莺房胡同南口，还有一座土地庙，只有一间小殿，庙中供奉着泥塑土地公和土地婆，据说这座土地庙是当地一家大户人家胡四老爷出资修建的。胡家祖辈在乾隆年间的清漪园当差，清末时胡家虽不在朝为官，但家中十分富有。土地庙往东，有一条很宽的胡同，路北起脊广亮大门，里面便是胡四老爷的宅院。

明清时，通惠河上有座庆丰闸，它又名二闸，二闸所处的通惠河古时为漕运要道，南方的粮食、木料、丝绸、烧制的城砖等都由此运入京城，在二闸附近，曾经就有一座土地庙。

琉璃厂附近曾经也有一座土地祠，1905年，丰泰照相馆于琉璃厂的土地祠拍摄了《定军山》片段，该片成为中国电影史上的第一部黑白无声影片。如今该处建起了幼儿园。

第二辑

旧城

第三辑

旧事

遥远的太平湖

《京师坊巷志稿》中说："太平湖，城隅积潦潴为湖，由角楼北水关入护城河。"我的父亲曾经在北京复兴门内太平湖畔度过了他的童年。但太平湖如今已经被填平，建成马路和大厦，仅存太平湖东里这个胡同名字。

最近赋闲在家，和父亲聊起了他童年关于太平湖的记忆，每到动情之处，他都有些落泪……

北京历史上有两处太平湖

北京历史上有两处太平湖，均在西城区。一处在积水潭北侧，这是北太平湖，它原来与积水潭是相连一体的自然水面，由永定河故道冲刷而成，曾是京城重要的水道之一。清代后期水面缩减，形成了一个独立的湖泊。20世纪60年代末，修建环城地铁时，此湖被填平。

另一处太平湖在今天北京市复兴门立交桥东南侧，这是南太平湖，原是护城河畔的一片湿洼地。这里是父亲一直牵挂的太平湖。

南太平湖，一处由植物、峰峦、绕湖寺院组成的幽绝风景，水光潋滟、山色空蒙之间，一座豪奢的森严的黄色建筑物，仿佛一大块熠熠发光的玛瑙，在世俗的眺望中显得格外引人注目。

梦中的老房子

清代冒鹤亭《太清遗事诗》云："太平湖畔太平街，南谷春深葬夜来。人是倾城姓倾国，丁香花发一低徊。"

清朝末年"世居京师，习闻琐事"的震钧在他著述的《天咫偶闻》一书中写道："太平湖，在内城西南隅角楼下，太平街极西也。平流十顷，地疑兴庆之宫；高柳数章，人误曲江之苑。当夕阳衔堞，水影涵楼，上下都作胭脂色，尤令过者留连不能去。其北即醇王府，已改为祠，园亭尚无恙……"

由这段描述可见，太平湖原是一处风景绝佳之地。

据传《红楼梦》作者曹雪芹，曾与他的好友敦敏在太平湖畔的"槐园"多次聚会，还在冬天结了冰的湖上放过自制的风筝。

今天的太平湖东里

史料记载，清乾隆二十三年（1758年）腊月二十四，曹雪芹在北京宣武门里的太平湖冰面上，曾兴致勃勃地为朋辈表演放风筝，他那"心手相应，变化万千，风鸢听命乎百仞之上，游丝挥运于方寸之间"的放飞技术，使在场的观赏者赞叹不已。

曹雪芹不仅精通风筝的扎糊、绘制工艺，而且还是放风筝的高手。雪芹的好友敦敏曾作有《瓶湖懋斋记盛》一文，文中写到敦敏、董邦达等观看雪芹亲自在宣武门里结了冰的太平湖上放风筝的情景。雪芹不仅看得出风向，还预测其日下午有风，而他起放风筝技巧之高，使在场的人都大为惊异。

乾隆二十三年（1758年）腊月二十日敦敏在家中举行了一个辞旧

迎新的盛会。应邀出席盛会的有一位当朝政府高官，浙江富阳籍人士，时任吏部侍郎的董邦达；书法水平很高的老医生过叔平；先跟董邦达学画，后跟曹雪芹学风筝的敦敏的一位堂弟敦惠；一介武夫端隽；再就是特邀嘉宾曹雪芹和于叔度。

　　这一天，董邦达初会曹雪芹，与之论画，品尝了曹雪芹烹饪的美食，观赏了曹雪芹的风筝作品，而后两人一块儿来到结了冰的太平湖上观看曹雪芹放风筝的表演。当曹雪芹判断下午有风的预测应验时，董公对雪芹说："杜少陵赠曹将军霸有诗句，'试看古来盛名下，终日坎坷缠其身'，真令人嗟叹也！"他当场为《南鹞北鸢考工志》题签，并答允回府后给它写一篇序。过了几天，即乾隆二十四年（1759年）正月，朝廷命官董邦达，纡尊降贵，为毫无功名在身的曹雪芹所著的《南鹞北鸢考工志》作了一篇五六百字的序。其结尾曰："愿以为济人以财，只能解其燃眉之急，济人以艺，斯足于养其数口之家矣；是以知此书必传也。与其谓之立言，何如谓之立德。"

　　20世纪60年代初，红学家周汝昌先生为寻访曹雪芹遗踪，曾与其兄周祐昌同往太平湖一带，在《北斗京华》一书中记下了太平湖的景况："估量一下，该就是太平湖的尽南端的一个小水角，树下还设着公园式的靠背木条椅……沉思良久，猛一抬头，见靠南边偏西一点儿，就是那奇美无比的角楼——'九梁十八柱'，非此不足以形容……等到1974、1975年之间，因增订拙著《新证》（《红楼梦新证》）时，约着编辑、摄影师，重访太平湖公园，取影为插图增色。到达之后，我傻眼了，壮伟的城墙、奇美的角楼，一概无有，高柳幽池，已变为一片荒土，形如沙漠……"

七爷府

　　醇王府位于太平湖东里，俗称"七爷府"，为西城区文物保护单位。清宣宗道光皇帝第七子奕谡于清道光三十年（1850年）被封为醇郡王，清同治十一年（1872年）晋醇亲王，先后授都统、御前大臣，管神机营。同治十三年（1874年）其次子载湉继嗣为光绪皇帝。光绪元年（1875年）慈禧太后命醇亲王王爵世袭罔替，赐食亲王双俸。

　　醇王府在清顺治年间曾是努尔哈赤次子礼亲王代善之孙喀尔楚浑贝勒的宅邸，乾隆年间改为乾隆第五子荣亲王永琪府邸。王府东起今鲍家街及太平湖东里，西至原太平湖西岸及西城墙，南起今太平湖东里，北至东帽头条。建筑分中、东、西三路和西部花园。载湉嗣位后，王府成为"潜龙邸"。

　　后来，醇王府的前半部改建为醇贤亲王祠，后半部仍为潜龙邸。同治十年（1871年8月14日）光绪皇帝载湉出生于宣武门太平湖畔醇王府，其父奕谡是道光皇帝的第七子，其母是慈禧太后的胞妹，这种特殊的家庭环境，使他在同治皇帝病故之后被指定为皇帝。他在位三十四年，光绪三十四年（1908年）暴崩，终年三十八岁，葬于河北易县崇陵。

　　民国期间这里是民国大学校舍，抗日战争时民国大学南迁改为民大附中，这里变成了生物实验厂等。1950年改为私立新中中学，现为中央音乐学院和北京第三十四中学使用。中路银安殿被拆除建礼堂，

历史上的醇王府

花园部分改为操场，中路狮子院、启门内神殿、遗念殿及东西配殿、东路北部四进院落、西路三进房屋、王府南北和东部部分府墙仍保存完好，有文物建筑五千六百六十一平方米。

美国人阿灵顿的《古都旧景》中写道："王府后面的高墙里的角落是当地的小神城隍庙，两侧有许多还愿的匾额和黄色布条，它肯定是个特别有用的庙。"不知道这个城隍庙在今天什么位置，或者是拆毁了吧？

由于是潜龙邸，所以金碧辉煌之气派，不亚于故宫，仅仅是没有故宫的规模，比现在保存比较完整的雍和宫还大。1976年唐山地震后，中央音乐学院拆旧建新。

第三辑

旧事

到白云观喝热粥

父母的记忆中，1949年前我们家住在离太平湖很近的村子里，当我们家离七爷府（现在的中央音乐学院）也很近。村子里的老街坊大多是旗人，都是世代在这里生活的老住户。那时还没有复兴门，也没有今天的长安街，复兴门立交桥左右的位置有一个被炮火轰塌的城墙豁口，老百姓进城为了省事，都从豁口跳来跳去。

每天清晨，小时候的父亲跟着我奶奶都是拿着碗从这个豁口去白云观领粥。白云观有个舍粥的粥厂，为穷苦的老百姓每天发放免费的粥。清晨，穿过这个如山洞的豁口，总能够听到一个步履蹒跚的人一边走，一边喊："穿大洞，到白云观喝热粥。"那人唱这句的时候，总把"白云观"念成"博云观"，让小时候的父亲一直以为那里叫"博云观"。

据父亲说，复兴门内长话大楼的位置，曾经还有一个卧佛寺，寺内有一尊卧佛。据说是唐贞观二十二年（648年）修建的，清康熙四年（1665年）和乾隆三十二年（1767年）都重修过，父亲小时候去的时候，在庙的门口见过一块石碑记载这些史实。那时，庙里还有二十多个和尚。

卧佛寺也是天天给穷苦的老百姓舍粥，每天舍粥的种类也不一样，有高粱米的、小米的……有的时候比如过节什么的，还会每个人给一个馒头，馒头上点着红点。这个卧佛寺我查阅了许多资料都无法和父亲的记忆相对应，在一张老的地图上看到复兴门附近有个"保安寺"，不知道是否是这个名字。

在太平湖附近有一个很大的花园，父亲小时候叫它"张家花园"，花园里假山、亭子、鲜花……那里曾是孩子们的乐园，孩子们从墙洞穿进去，到里面跑与跳。一天，孩子们在花园里发现晒了很多的白薯干。他们随手抓了几把，装在裤兜里，一边吃一边回家。孩子们一到家，有的父母发现孩子吃的白薯干，就问哪里来的。孩子说是在张家花园里捡的。村子里的大人，都拿着口袋跑去了，没多久花园那里晒的白薯干被一抢而空。

太平湖南面有个自来水厂，里面的水池子的水很深，有时候还能听到里面的机器发出的声音，让儿时的父亲和他的小伙伴们很恐惧。大人们也经常嘱咐他们别淘气，谁掉进那里，可不是闹着玩的。

今天再次来到附近的时候，发现这里还有自来水公司，不知道和1949年前的自来水厂有什么关系？

父亲小时候经常和他的一个哥哥到村里一个很老的井打水，村子里吃水基本用那口井。有一次，哥儿俩拽上来水，发现水桶里有一条红色的鲤鱼。全村的人都跑来看，其中一个附近的住户跑出来拦住父亲说："这鱼是我们家在水井里养的！"全村的人都笑了，哪有在水井里养鱼的？父亲看那个人很执拗，就说："我现在把鱼放回水井里，如果是你的鱼你再打上来？你看怎么样？"说完把鱼放回了水井里。那个人随后就开始捞水井里的鱼，结果怎么也没有再见到那条红鲤鱼。

在太平湖的一个拉洋车的街坊家养了一只大狗。有一回，父亲和

第三辑

旧事

小伙伴玩得正起劲儿的时候，大狗跑出来，把父亲咬了。在弘达中学教书的爷爷闻讯跑回来，送父亲去了西单附近的陆军医院。那是父亲第一次手术和第一次住院。警察来一查那条狗已经疯了，于是把它处理了，那个拉车的街坊很害怕，因为他也很贫困，一个人拉车要养活一家的人，爷爷原谅了他，没要他赔医药费。拉车的街坊十分感谢，表示愿意每天早晨免费拉父亲去医院上药作为报答。父亲每次讲到这里的时候，都十分想念那些已经在记忆中远去的老街坊。一次那个街坊拉车，洋车坏在了一条胡同，父亲那时年纪小，只听他们说"洋车坏在了拐不成弯巷了"，今天我查阅老地图，也许那条胡同应该叫"槐抱椿巷"。记忆就是这样渐渐被有些模糊的思绪搅动。

当时的太平湖附近住着一家德国人，德国人在自己的一个很大的院子里种了很多枣树，他的枣树结的枣很大很甜，很惹孩子们青睐。德国人喜欢用这些枣来造酒，酒很香，据说卖的价格很贵。

德国人养着一只大狼狗，大狼狗站在大门口看着他家的枣树。但小孩子们就是爱惹这条狗，也爱吃这里的枣。

每当枣熟了的时候，孩子们专找枣树伸到院子外的那些树枝，然后找到机会摘走很多枣。等大狼狗发现他们，向他们汪汪叫的时候，他们已经跑出很远。这时，他们还会捡起砖头，扔过去，砸得狼狗拽着铁链子猛叫。德国人便会出现在楼上，用生硬的中国话喊："你们要干什么？让你们总统开条子，枣随便吃。"孩子们嬉笑着："开条子，谁给我们开？"

那时，附近还有几家日本人，也是住的四合院。他们过节的时候，爱在大门口挂橘子，父亲和这群孩子，就找一根竹竿，把橘子摘走。日本人走出门，发现大门口的橘子没了，再挂一个。这些孩子就再摘，反复几次，让这些日本人气得不得了。一次，父亲和这些孩子出去玩，跑进了一个日本人的院子，发现在院子里放着一个日本孩子的玩具。孩子们拽起玩具，就往大门外跑，玩具是一个小车，四个轱辘，车上有两个兔子，车一跑起来，就"嗒嗒嗒……"响，两个兔子一上一下，很好玩。这些孩子一看这个玩具响，就害怕了，出来一个大人，就骂"八格呀路"。孩子们一看，有日本人发现了他们，抱起这个玩具小车就跑，把还没来得及追的日本人甩在身后。

父亲他们这拨孩子，总爱和村里的日本人的孩子"斗"。一天，父亲嚼着黄瓜，正好对面来了一个日本人的孩子，他嚼了一嘴，在那个日本孩子正要过去的时候，猛地喷了日本人的孩子一脸。日本人的孩子便追他，可是围着附近的自来水厂连着跑了好几圈，硬是没追上。

后来有一天村子里来了好多日本兵，吓坏了孩子们，还以为日本兵是给那些日本孩子"报仇"的呢？结果日本人见了拉洋车的就抓。原来一个拉洋车的把一个日本军官拉到了太平湖边后，便把这个日本军官给捆上并堵上嘴，然后把日本军官的衣服扒光，将他扔到杂草丛里。日本兵四处找那个惹事的洋车夫，但那个洋车夫没找到，于是便砸了好多洋车夫的洋车，好多洋车夫没了养家的家伙什儿。

我爷爷那时在附近的弘达中学教书，有一天，突然被日本人抓走。原来是有一批枪支被学校的老师藏起来，他们把那批枪支秘密运到了城外给了抗日游击队。日本军队审了他们好多天，最终是无功而返。后来爷爷病逝了，一家老小的重担全都压在了奶奶身上。奶奶白

天给人家洗衣服，晚上给人家做缝纫，以此来养活一家老小。

20世纪40年代，那时奶奶为了维持生计，不得不把祖上留下的各种东西开始变卖，包括各种瓷器、古玩、佛龛等。其中有一块被卖掉的表至今还记忆深刻。那块表是祖上进北京的时候，顺治帝赏赐的，已经传了好几代人。表是金壳、金针、金链子，表上面是金字，能够看出日月星辰。当时是寄存在爷爷的一位兄弟手里。后来家里连续几天没有吃的东西，眼看着几个孩子挨饿，奶奶便拉着父亲，去爷爷那位兄弟那里把表拿了回来，然后又带着孩子们来到市场上，打算卖了它买粮食。当时，正好有一个书生打扮的人路过，看到这块表后便问多少钱能卖。奶奶便说二十块大洋。那人也没还价，给了钱，迅速消失在人海里。

父亲关于小时候的记忆中，还有一段就是太平湖突然来了许多日本兵，强令整个村子限期搬走，同时还立刻在太平湖附近拉起铁丝网，修建工事。太平湖整个村子一百余户，在几天内拖家带口地把能够搬的东西往外搬。眼看着家园被圈进了铁丝网里，世代居住的四合院转眼化为灰烬，村子里的老百姓也只能流着眼泪，往外走。奶奶那时也不得不拉着几个孩子，不情愿地离开了太平湖。

中华人民共和国成立后，父亲一家先后住过原崇文区、海淀区等地方，但太平湖的记忆就如自己梦中的故乡，始终魂牵梦绕。后来父亲到东北将近三十年，一直到20世纪90年代初才回到北京。而这时候的太平湖已经面目全非。

父亲记忆中，20世纪60年代槐抱椿树庵、水月庵、五道庙等寺庙尚有遗迹可寻，还有袁家花园、营房街、西草厂、前老莱街、后老莱

梦中的老房子

街、西太平街、南闹市口、鲍家街……

在一个初春时节，我踏上寻找我家"老宅"的探寻之旅。从西便门的路口拐过去，从后来重建的西便门角楼转过去，二环路边的东侧是许多大厦和写字楼，在一个很不起眼的小路口向东进去，进去之后发现了"太平湖东里"的牌子，现在只有这条胡同保留着"太平湖"的名字。

胡同里，一些汽车停在胡同两边。一个丁字路口，一家小卖部的屋檐上挂着红灯笼。墙上是居委会在水泥黑板上写的告示，提醒着居民各种注意事项。

丁字路口再往南拐，是月台胡同，有个尚存的像老式的门楼被砌

第三辑

旧事

101

到了大墙里。从丁字路口往北，是一些至今还在这里居住的人家。有的门前有槐树，有的门前停着车……一家稍微大一点儿的饭馆，在胡同中间，里面的服务员懒洋洋地晒着太阳。一家很古老的小门前，我正要拍照，里面走出来一个老人家。他和我闲聊起来，他是20世纪50年代时搬来了这里，刚搬来这里的时候，还见过太平湖。太平湖当时就在现在二环路边的位置。他说现在这里也要搬迁了，但自己已经住习惯了，并不想搬到远处。

路口东面是奋斗小学，就是以前的太平湖小学。继续往南就是父亲一直说的七爷府，还有老念叨的鲍家街……父亲说当时七爷府边有一条小河，在七爷府西面有一座小桥，水从桥下缓缓流过，风景很美……

信步向北走，中央音乐学院院墙的一个旁门虚掩着，门里的古建筑，正在大修着。

美丽的太平湖就这样随着城市变迁湮灭无痕了。

西养马营胡同

西养马营，明代称羊毛营胡同，清代讹称养马营，并分为南北两条东西走向的胡同，后分称东、西养马营胡同。附近的四眼井，因清代此处有一井盖为四个孔的水井，故名。

西城区的西养马营胡同在哪里？父亲的印象中在现在的复兴门稍微北侧一点，有城墙还没开复兴门的时候，从顺城街往北一点儿就是那条胡同。那条胡同随着金融街的兴建而消失了。

父亲小时候原本住在太平湖那一带，但因为抗日战争期间，日军要在太平湖修军火库，所以强行驱赶走居住在太平湖周边的平民，父亲一家人不得不从太平湖搬家。之后父亲的小学时代是在西城区西养马营的一条古老胡同里度过的，今天那里就是复兴门北面的金融街。

铁佛寺的传说

在西养马营胡同的西口，离顺城街不远，离城墙也不远，有一座破败的庙宇，应该叫铁佛寺。中华人民共和国成立之前，铁佛寺的院墙都塌了，寺里长满很高很高的草。庙里的和尚，不知道什么时候，已经没有了，孩子们一般爱在这里玩耍。寺庙的配殿，除了时常看一些流浪的人在寺庙的配殿逗留，寺庙里平时基本没什么人。

第三辑

旧事

当时的铁佛寺有殿宇三层，外观很古老，院内也没有什么碑志，不知道建于何年。大殿之中供铁佛，铁佛的莲座下有古井，井里有大锁，一端系在莲座上，一端在井里。

父亲小的时候，就听大人们讲：相传大禹治水的时候，锁水怪于此井中。在唐朝的时候，井里突然又涌出洪水，有高僧以符封于井上，并且用铁佛坐井上以镇之。到了光绪年间，一个喜好打赌的人和几个人相约，并且想一探究竟。到了寺里，他们移开铁佛，拽井中的索，从早上一直拽到中午，拽出来的铁索堆积如山，多得连大殿里都装不下了，可井里的索还没到底，这让周围的人很是惊讶。又拽了一会儿，忽闻井中水声大作，如牛吼，顷刻间，巨浪翻腾，大殿里水已经数尺，这几个好事的人很恐惧，赶紧把铁索又放回井内，水才平息。后来，这铁佛下的井再无人问津。

1949年后，铁佛寺的建筑被陆续拆除，而盖成了西养马营工人俱乐部礼堂。光阴荏苒，岁月蹉跎，那座西养马营工人俱乐部礼堂也成为和铁佛寺一样的遥远记忆。

而广宁伯街西口的火神庙，1949年前就有，那时孩子们也是常常去那里的，就是今天金融街路口的吕祖庙，我拍摄的照片，父亲一看就认出了，这个火神庙没有什么太多的变化，还是当年的样子。

父亲印象中，我的大爷和二大爷每当遇到战乱的时候，就会跑到铁佛寺那边躲着去，父亲每天把烙好的饼藏在身上，一口气跑到附近，去找他们。他们或者在铁佛寺里，或者在城墙根……

吕祖庙的吕祖宫

金融街

阜成门门洞的墙上刻有梅花一枝

阜成门也叫平则门，有瓮城，外面是两边布满食品店和饭店的大路。在内城门通道上，可以看到刻有梅花图案的砖。门洞的墙上也刻有梅花一枝，也许和这个城门经常进出西山拉煤的车有关系，盖因煤与梅同音，故刻梅以志之。

还有附近的妙应寺白塔，父亲打小儿会唱歌的时候就唱过："白塔寺，玉白塔，塔身有砖，没有瓦，塔身要裂啦，一道缝，鲁班爷爷来了，修好了塔……"传说妙应寺白塔曾经开裂，来了一位自称能锔

106

大家伙的老头儿，把白塔在夜里修好了。传说，那位修好塔的老头儿就是鲁班。白塔汇集了完美的"铃的形式和银的颜色"，塔顶上有一个巨大的铜盘，上面还立着一个小的铜塔。忽必烈很担心小铜塔掉下来，砸到人，命人在周围修建了一层护栏，当年阿尼哥在基座里烧了二十颗念珠、两千个石灰塔和五本佛经，才建成此塔。

往东还有历代帝王庙和广济寺，也是孩子们爱四处逛的地方。那时，历代帝王庙是中国红十字协会所在地，帝王的牌位也都还有。

广济寺里有很多书籍，院里有很多铁树……据说1931年还经历了一场大火，但1936年后便又重建。现在是中国佛教协会所在地。

爷爷在弘达中学教语文

父亲最初是在闹市口附近的藤回营小学上学，后来转学到了广宁伯街小学上学。那时，我爷爷在大木仓胡同的弘达中学教语文，爷爷的弟弟也在那里教书。爷爷带着父亲到学校去玩，一进大门，就是一个很大的操场。在那个大操场上，孩子们尽情地玩着。抗日战争时期，爷爷他们这些老师还因为帮助过抗日游击队而遭日本人拘捕。后来，在弘达中学工作的爷爷去世了，那里对父亲而言就成了一个充满悲伤的地方。

谈起附近胡同的典故，其中有两个最有名，一是广宁伯街，一是武定侯胡同。据《京师坊巷志稿》记载，明代广宁伯刘荣，永乐年间因抗倭有功被追封为侯，因其故居在这条胡同，故将此地名为广宁伯

胡同，后又改为广宁伯街，而今只空留地名而已。往北一点儿的武定侯胡同，也是纪念一个明朝的开国大将。武定侯本名叫郭英，在朱元璋未称帝前，随其左右。朱棣迁都北京后，其后人随明成祖朱棣来到这里。著名的《水浒传》"郭武定本"，就是出自他们家。定本出来时的家主叫郭勋，因为和大奸臣严嵩有牵连，而死于监狱。

在胡同的西口有一家特别显眼，我有一次经过那里时还在拆迁。在拆迁的废墟中，我看到了一个很漂亮的亭子。一打听才知道这里以前是"东陵大盗"孙殿英的居住地。

二龙坑与太平桥的传闻

在父亲的记忆里，过二龙坑（现为二龙路）不远处就是北京师范大学，每到暑假的时候，父亲就去北京师范大学里补习功课，跟着许多大哥哥和大姐姐一起度过了暑假，弘达中学已经更名为北京市二龙路中学。

二龙路在明朝与清朝时是一个水坑，那里有沟渠与大明壕相通。民国以后，填坑修路，所以才改名为二龙路。闻一多先生著名的诗篇《死水》，就是以二龙坑为写作对象。父亲小时候常被爷爷和奶奶嘱咐别往那边乱跑。

一次，太平桥一个马路边的饭馆前聚满了人，原来下水道老是堵，也不知道怎么回事，后来，清下水道的工人下去一看，可了不得，一个不知道是什么的东西在里面蠕动。工人找来帮手，找来吊

二龙路

车，拆开下水道，发现原来是一头猪在小水道里长大，把下水道堵了个死。不知道是谁家的小猪掉到了下水道，也没找，结果在下水道里慢慢长起来，流到下水道的泔水成了它的美味。工人把下水道的口都砸开，用吊车吊，才把那头猪吊出来。一时间成为那一带老百姓茶余饭后的谈资。

父亲小时候养了许多鸽子。那时，父亲在家的院子走廊里搭了个鸽子棚子，然后又找来很多芦苇，拴成栅栏。父亲养的鸽子中，有一只是最招人喜欢的，小嘴是黑色的，脖子上有一块类似葫芦形状的黑，除去这两处，全身雪白。养了些日子，后来到街上，一个大人用一个海军样式的棉帽子换走了这只鸽子。鸽子都很通人性，父亲只要

一叫它们，一张手，鸽子就都落在父亲的手中。

父亲最爱看电影，正好住西养马营的一个街坊在西单开了个大光明电影院，这些孩子没事就去蹭电影看。当时西单地区还有首都电影院、中央电影院等几家电影院。那时过节，西单经常举行灯会，各种形状的灯千奇百怪，让孩子们很喜欢。一天傍晚孩子们刚去看，结果就发生了拥挤踩踏事故，父亲和小伙伴被挤进了一家小店铺，店铺老板一看是孩子也没埋怨什么，关上店门后，让孩子从后门走，后门是另外一条胡同……那时，爷爷和奶奶听说，西单那边看灯发生了踩踏事故，赶紧跑出街来找孩子，结果爷爷奶奶还没回家，这几个孩子都跑回了家，虚惊一场。

统辖全国各地各级的城隍庙

在快到复兴门那边，有一条东西向的街，叫城隍街，后来改为成方街了。这条街上有一座著名的都城隍庙。父亲的记忆之中那个都城隍庙有三道大殿，面前有很高的哼哈二将，门前的广场上，有一座白马石雕像，据说是城隍爷经常骑的一匹白马，白马石雕身上沾着水珠。传说，这是城隍爷出行刚回来。据说有一天一个淘气的小孩骑到了白马身上，小孩玩痛快后，想下来，却怎么也下不来了，一通哭。孩子的父母跑来了，赶紧给城隍爷烧香磕头，孩子这才平安下马，从此以后孩子们再也不敢轻易上都城隍庙的马了。张恨水审定的《老北京旅行指南》说："庙在西单牌楼西北闹市口内，今名成方街，即昔之城隍庙也。"《天府广记》中记载："元祐圣亡灵庙即今都城隍庙，在城西刑部街。永乐迁都，新其庙宇。"《燕京岁时记》记载："都城隍庙每岁五月，自初一日起，庙市十日，市皆儿童玩好，无甚珍奇，游者鲜矣。庙系元至元十七年（1280年）创建，前明重修之。"

清朝雍正、乾隆二朝重修，光绪年间，庙毁于火，碑皆毁裂。仅有后殿尚存，殿为黑琉璃瓦顶，前出抱厦，气势宏伟。1949年前后，这里曾经做过被服厂，20世纪80年代，这里曾经是农贸市场……

城隍神设座判事，其状如衙门审案一样，并按级别封爵。这里是都城隍庙，统辖全国各地各级的城隍庙，辛亥革命之后，将这里的胡同名字改了。禁止庙会，无复昔日之盛况。

有一回，我走到那里，发现那里还保留着一座大殿，而且正在装修，百年大修，百年沧桑……

舍饭寺胡同和失虎胡同

父亲记忆中，在现在长安街的位置，有一条名为旧刑部街的胡同，因为元朝的刑部就在那里。不远的地方，有一条叫舍饭寺的胡同，因为舍饭寺就在胡同的北侧。传说明朝嘉靖年间，一位南直隶的书生住在这个庙里，他贫困至极，白天乞讨，晚上刻苦攻读以备赶考。他发誓如果能够获取功名，一定将翻修这座已经破旧不堪的小庙，向贫困的近邻舍饭。考中之后，他实践了自己的诺言，在此施舍

第三辑

旧事

如今在成方街的都城隍庙

了三年。据记载，这个寺庙原名叫蜡烛寺，为明朝一个太监舍饭并收养贫民的处所，因为舍饭，遂改名。清朝顺治年间，重修了一次。现在这里叫民丰胡同，胡同两边已经是鳞次栉比的大厦了。

往东有一条胡同叫石虎胡同，以前叫狮虎胡同。胡同的尽头有一只石狮，墙边还有一只石虎……这里还有一段故事呢。在北城的安定门大街，有一条胡同也叫石虎胡同，那条胡同原来有两只老虎，其中一只出来散步，结果遇到这里的石头狮子，就走不动了。石虎回不了自己原来的位置，因此这里叫失虎胡同，后来因为这里有狮子和老虎，就被官方叫狮虎胡同。再后来因为人们感觉又是狮子，又是老虎，有点混乱，就没有幽默感地写成"石虎胡同"。现在在西单文化广场的位置，还有一条胡同叫"石虎胡同"。

清朝的宗学，是专门为满族宗室弟子设置的学校，有左右之分。左翼宗学就在这里，曹雪芹在清乾隆十年（1745年）左右，在这里就职，做教习和文案工作，并在这里结识了敦诚、敦敏两兄弟。他们因为同样的身世，经常剪烛长谈。敦诚曾经有诗给曹雪芹"当年虎门数晨夕，西窗剪烛风雨昏……"他们兄弟一直鼓励曹雪芹写完《红楼梦》，可惜没有最后完成。其他住过这条胡同的，还有康熙年间的大学士马齐、吴三桂的儿子吴应熊、民国初年的教育总长汤化龙等。

这一带的胡同与风土人情，就这样伴随着父亲走过少年时代。也许岁月远去，那些胡同会渐渐减少，那些老的街坊会渐渐失去联系，那些充满童年记忆的寺庙也会渐渐淡出人们的记忆，但记忆不会消逝，记忆会渐渐成为一种永恒的文化留在我们的内心深处。

有一回，我正好去那附近办事，从百盛购物中心径直向北走去。在鳞次栉比的写字楼与大厦前，根本无法想象父亲小时候的胡同是什么样子。

顺着百盛购物中心西面的这条马路一直往北，这条街应该就是历史上的顺城街，而父亲曾和我说过附近有一个火神庙。我走出不远，有一个吕祖宫，进去和里面的道士聊起来，他们告诉我这就是历史上的火神庙。光阴依稀，这里是还能够看到老样子的地方。

前面的广宁伯街，是父亲上小学的地方，但不知道那个父亲曾经上小学的广宁伯街小学，今天在什么地方？

父亲记忆中当时住在西养马营胡同，附近有一条叫四眼井的胡同，而西养马营胡同快到城墙的位置，有一个很大的庙，很破败，院墙倒了……

漫无目的地行走，前面的武定侯街，靠西面还有几家没有拆迁，有一户人家的院子里的亭子，格外引人注目……

也许所有的记忆都在发生改变，而我们的情感却还停留在原来的地方。也许那个火神庙的道士，还能够在这个花花世界中守住那个在楼群里的庙宇，而我们遥远的胡同记忆却永远只能活在过去的岁月里……

西养马营胡同这条在地图上再也无法找到的胡同，也许就像说书人的故事，只能够在记忆中了。父亲少年时代，从胡同口向城墙跑去的故事，永远留在记忆里了。

走在父亲小时候走的胡同，向阜成门、白塔寺信步而行，一个个工地与工棚随处可见……也可以设想，最后的那些胡同与门楼也将随着记忆远去。有时候在想，能否有更多的朋友来给我讲讲他们曾经住

第三辑

旧事

115

过的老胡同的故事？我相信，这些故事不会随着时间的远去和胡同的消失而从人们的记忆中抹去……

中国青年报社的王永午先生在回忆西养马营胡同时说："小时候我常去西养马营看电影，说实话，现在我也想不起它的具体位置。"

著名摄影评论家鲍昆回忆起这条胡同的时候说："我曾在世纪之交的时候，听说西城区政协礼堂西侧的胡同将大规模拆除。正好那时正在拆除祁建所说的西养马营。于是我抢救性地在每天下班后，到那里拍照。与西养马营相连的友爱巷，当时也正开始拆迁。而西养马营旁的后撒袋胡同已经拆除得差不多了，远处那正在建设的高楼就是金融街。祁建父亲回忆小时候的那座'大庙'，实际上很早就拆除，建成曾经名闻京城的电影院'西养马营工人俱乐部礼堂'。我们小时经常去那里看电影，有时那里也上演评剧。剧场的后面就是工人俱乐部的办公室、教室，在20世纪80年代，俱乐部搬到西三里河，礼堂慢慢荒废。"

一个叫王凡的朋友也说："我也曾在西养马营礼堂看过电影。我也是在北京的胡同长大，我住在民族文化宫对面的胡同里，离西养马营很近，如果没有政协礼堂保留着，我还真不好确认西养马营的方位。不过我住的那个四合院却很有意思。东、西、南、北各住着一位大妈。我长大的那个院子东屋卢大妈是武汉一个资本家的女儿，家庭没落后到北京给哥哥家当保姆，后来嫁给了甘家口照相馆的卢大爷。南屋钟大妈是20世纪30年代随父亲从台湾到北京，后来她嫁给了当建筑工人的钟大爷。北屋邢大妈家'文革'期间被称为'小业主'。西屋郎大妈，也就是我家的女主人，30年代曾是河北省会考第二名，为了追随北京师范大学数学系毕业的郎先生，住进这个院子生儿育女，相夫教子，无怨无悔。 东、西、南、北的四个大妈，只有钟大妈还活着，并且因拆迁随子搬到了回龙观。胡同里的院子里有太多的故事，太多的文化。四十岁以上在北京长大的人，大多出自胡同，可惜大多都没有了。所以，我才发现，自己原来深深眷恋着北京的胡同……"

母亲童年剪子巷

　　我想说的不是北起府学胡同南至张自忠路中的剪子巷，不是北剪子胡同，也不是南剪子巷，我想说的是北海西侧的剪子巷。提起北海西侧的剪子巷，现在的青年人都很难知道了，因为这条胡同，已经消失了四十多年了。这条普通的胡同是母亲儿时充满梦想的地方。

　　母亲的记忆中，从西安门大街东行，向文津街这边走来，在现在的中国国家图书馆分馆和北京大学第一医院中间曾有一条向北延伸的胡同，当时叫酒醋局胡同，再向北是一个岔路口，往东那条叫养蜂夹道，往西那条就是母亲小时候住过的剪子巷。当初这条胡同叫剪子巷，可能是出于这条胡同的走向像剪子的原因吧。

　　剪子巷是东南向西北走向的一条斜向的胡同，西面和草岚子胡同、茅屋胡同相交接。剪子巷里都是四合院，胡同口有一个小学，母亲和她的小伙伴们每天出入都能够看见那个小学。现在走到这附近，剪子巷已经无从寻找。

　　穿梭在母亲儿时玩耍的胡同里，往事已经像发黄的老照片，不禁感慨人世沧桑。在大红罗厂街东端的派出所，我走进去打听剪子巷，负责接待的是一位年龄和我相仿的女警察，她也是茫然不知，于是她叫来一位老警察。老警察20世纪50年代来这里工作，现在已经退休，是返聘回来的。他告诉我，剪子巷20世纪60年代被拆除并入了某单位大院，现在已经没有这个地方了。

老警察说完后，还上下打量了我一番，问我怎么知道剪子巷的。因为在他的眼中，像我这样的年纪，根本不会知道这条已经消逝的胡同。

剪子巷的历史，我只查到继古斋雕漆商会，这也算在这条胡同里一个比较有名的地方吧。清光绪年间时，已无官造漆器作坊，漆器制作技艺几乎失传。但后来由于清宫内需要修理雕漆工艺品，北京的民间雕漆又兴起。继古斋雕漆商会便在这时，在剪子巷开业了。

姥爷是延安时候的老革命，为和平解放北平而努力。在这座千年古都回到人民的手中后，姥爷就住在剪子巷。1951年，姥姥拉着当时才四五岁的母亲，从老家河北阜平骑着毛驴到了定县，然后再从定县坐火车到北京，大概花了一个多星期。

母亲记忆中下车的地方，不是在永定门火车站就是在前门火车站，下火车后坐一辆三轮车，一会儿就到了剪子巷。姥姥拿了好些东西，拉着母亲，但车水马龙不敢过马路。这时候走来一位老工人，带着她们过了马路。母亲回忆这段经历的时候，还能够想起，那时的马路还没有现在这么宽，车辆虽然也没有现在这么多，但对一个从大山里走出来、第一次进北京的小姑娘来说，已经是目不暇接了。

到了剪子巷，姥爷没在，警卫员帮忙接待了姥姥和母亲，警卫员煮了面条，是打卤面，用那种大海碗盛着。过了一个星期，姥爷回来才见到她们。

母亲记忆中，住在这个四合院里有一家，有好几个孩子，其中有两个和母亲的年龄差不多，姐姐叫小丫，妹妹叫小多，她们还有一个哥哥叫小球子，他们的爸爸是一个工厂的医生。

母亲记忆中，小多爱哭，而且哭得很有"特色"。有一次哥哥小球子参加学校运动会买了双球鞋，小多就闭着眼睛哭，说自己也想要一双球鞋，闭着眼睛哼哼，就是没有眼泪流下来，把大家都逗得直笑。

小丫和小多是母亲那时候最好的朋友，她们一起玩过家家，有时候，小丫扮演母亲，有时候小多扮演孩子，大家最开心的儿时时光，就是那样让这代人记忆深刻。

记得那一次，小丫和小多住劈柴胡同的一位大姐，刚生了孩子，他们几个小伙伴便一起从剪子巷，走毛窝胡同，到刘兰塑胡同，经西安门，穿西四，奔西单……最后来到了劈柴胡同这位大姐家中。大姐让几个小孩子来帮忙照看婴儿。大家一会儿找点水来喂婴儿，一会儿找来毛巾擦擦婴儿的脸……还真忙，硬是把"过家家"弄到了这里。

那时候，几个孩子最喜欢无拘无束地在大街上玩耍。当时西安门大街和西四这边还没有现在这么繁华，母亲记忆中布店、饭馆很多，和今天的街景截然不同。

那时候小丫、小多和我母亲最爱去西四附近的红楼影院，大概是几分钱一张电影票。她们这些小孩看见大人买了电影票，就悄悄跟在后面，查票的还以为是大人带的孩子，也就不阻拦了。

那时卖的一种类似冰棍的冰饮叫冰片。冰片可以说是那个年代小姑娘们最爱吃的美味了。一分钱一根，小孩子之间，看电影时相互买。有一回，我母亲花钱买了三根，和小丫、小多一人一根，一边吃一边看电影。

北京人有句俗话叫"樱桃桑葚，货卖当时"。紫桑葚个儿大，白桑葚口味甜。不过吃完可得照着镜子擦把嘴，桑葚留在嘴唇上的黑紫色可不是那么容易被擦掉的，那可是那时节北京夏天里最让人幸福的颜色之一。当年这几个小姑娘，嘴上挂着黑紫色的时候，人们就开玩笑："真好看啊。"

那时候，母亲这群孩子最喜欢的还有就是去吃老北京的灌肠。每每闻到厨房里飘出的煎香后，孩子们就坐不住了！等灌肠一上来，把盐水蒜汁往冒着油泡的灌肠切片上一浇，这灰色的薄块立刻显出不一般的灵气来。咬了一口，果然香脆咸辣，于是醋畅地把它吃完。然后就看到炸窝头和醋拌生白菜心上桌来了。每当吃饱喝足给钱的时候，那个美丽善良的老板娘总会少要她们钱，这样又可以多出来吃冰片的钱。

母亲小时候眼睛不好，经常闹病。姥爷让警卫员带着母亲去北大医院看病，那时的北大医院在今天北京大学第一医院的位置上。警卫员让我母亲先拿着药水，然后自己好去交钱，结果当时母亲一时没拿稳，一大口袋装着好几瓶子药水，一下摔在了地上，药水洒了一地。医生阿姨跑过来说："没关系，再给小朋友拿一份药去。"每当母亲回忆起这段往事的时候，都要感谢那位医生阿姨。

母亲记忆中，再大一点儿，就是一位伯伯的儿子来北京读书，他陪母亲去北大医院看眼睛。一次看眼睛出来，自行车没了，把这两个孩子急坏了，于是就向人打听这看车的人住什么地方。原来看车的就住附近，怕他们的自行车丢了，下班就把自行车推回家了。

母亲记忆中，再大一点儿后，就搬到了西单横二条的一个大院里，再后来搬到南城大红门一带的一个木材厂，我的老姨就是在那里

出生的，母亲在现在大红西里路口东面的一个小学里上完了小学，之后跟着姥爷又搬到了西郊营慧寺附近的一个木材厂。再后来到现在车道沟附近的122中学上中学，之后便是漫长的东北下乡知青生涯，直到

母亲童年待过的剪子巷一角

20世纪90年代回到北京。

　　时过境迁，剪子巷、琉璃门、玉石井、酒醋局胡同、毛窝胡同等地名已经在现实中消失。这些美好的地名也只能停留在人们的想象之中了。

　　走在母亲小时候生活过的剪子巷一带，梦想与现实都是像遥远的传说。远去的记忆，就这样在匆忙之后，如飘浮的云，悬挂在我的梦中。

大红门忆旧

北京南城的大红门城门原址，在今大红门立交桥北端红绿灯附近，它有三座拱形门洞，中间的大，两边的稍小，上面覆盖着黄色琉璃瓦，门漆饰红色，此门洞可通行马车、轿子和汽车。那时进了大红门（大红门南）就是海子里了，比较老的人都有到那里打鱼的经历。据当地人传说，有一次乾隆皇帝正从大红门城门穿过，看见一位满族的老人正在城门边晒太阳，看起来很善良的样子，乾隆皇帝一高兴，给老人赐姓"善"。由此这位老人开始改姓"善"，而在后来那一带姓"善"的大多是这位老人的后代。

1955年8月为了方便交通，拓宽路面，大红门城门被拆除。今天大红门一带已发展成闹市区，这里交通便利，四通八达。1949年后这里有北京木材厂、北京带钢厂等。当年的厂房，如今只剩下了一间破旧的车间和一小段废弃的铁轨。而在大部分废弃的厂房上，建起了大红门集美家居等现代商场。

谈到儿时大红门一带的生活，母亲嘴角露出微笑，同时也会眼含泪水。母亲说："每一段故事都有美好的回忆，每段回忆都是那么铭心刻骨。"我想在茫茫人海中，一定有一个爱的天使，轻轻推动着我们和她的儿时伙伴相遇……

妈妈儿时待过的大红门一带

大红门一小和木材厂子弟小学

在大红门地区曾发生过一些有趣的历史故事和震撼的历史事件。清康熙十四年（1675年），内蒙古察哈尔部首领布尔尼乘清廷忙于处理"三藩之乱"，无多余兵力守卫京城之机，起兵反清，康熙帝派大将军鄂札、副将军图海率数万人出兵追剿。出师两个月的大军迅速平定布尔尼的叛乱，解除清朝在"三藩之乱"时的后顾之忧，清军凯旋北京，康熙皇帝甚为高兴，亲率诸王贝勒大臣于大红门举行隆重的郊劳礼。

再则是黄三太在大红门打虎的故事。康熙年间，南苑驯养的老虎从笼中窜出，跑到了大红门里，正赶上康熙皇帝来南苑打猎，在大红门遇上此虎，三太用飞镖将此虎打死，康熙皇帝赏给他一件黄马褂。

又一则是冯玉祥将军在南苑驻军时为了表达抗日的决心，在大红门的门洞上题了三条大字标语，在东小门洞上题的是"努力奋斗"，在西小门洞上题的是"救我国家"，在中间门洞上题的是"亡国奴，不如丧家犬"。

再有，"七七"事变时，大红门是二十九军与日军交战最激烈的地方，抗日英雄赵登禹、佟麟阁将军壮烈牺牲在大红门……

母亲的小学是在南城的大红门一小和木材厂子弟小学上的。那时中华人民共和国成立不久，百废待兴，姥爷从部队转业，到大红门的木材厂工作，于是一家人便从西城区剪子巷先是搬到西单横二条一个大院，后来在1953年左右搬到了大红门的木材厂。

母亲从剪子巷的小学转学到大红门一小时，那里的一年级学生名额满了，没法插班。老师就安排她先上晚上的班，于是母亲兴高采烈地晚上赶去，却发现那是一个扫盲班。由于中华人民共和国刚成立，许多大人都来上这种班，当母亲走进教室时，这些大人感到很惊讶，怎么孩子也来上这种班？母亲正不知道怎么适应的时候，看到前排有两个年龄相仿的姐妹，于是就坐在了她们身边。她们两个是亲姐妹，姐姐叫司徒法燕，妹妹叫司徒宝燕。后来她们仨便一起来上课，一起写作业。在那个扫盲班里，她们是最小的孩子，学习也格外认真。母亲如今想起这对姐妹时就会对我说："算起来，她们也都快七十多岁了，不知道现在在哪里，半个世纪过去了，也不知道她们后来怎么样了……"

老师是一个高个子的男老师，母亲想不起这个老师姓什么了，他白天在附近开着一个铺子做小买卖，晚上来夜校给大家上课。老师讲得也不错，还爱唱歌，母亲小时候学的《识字歌》《解放区的天是明朗的天》等老歌曲，都是这位老师教的。后来他发现几个孩子学习挺认真，就说："你们别和大人在一起学了，还是上白天的班吧？我给你们去学校说说。"

那时的大红门一小，位置和现在差不多，几间简陋的教室，全是平房，和现在一点也不一样。半年后，木材厂子弟小学成立，母亲就从大红门一小转学到了木材厂子弟小学。

那时木材厂子弟小学就一位姓奥的女老师。上课的时候是"复式班"，奥老师这边给一个年级讲完，留下作业，然后再到那边给另外一个年级讲，留下作业，接着再到另外一边去给另一个年级讲……奥老师的教鞭给母亲留下的印象很深，因为她每次要狠狠地教育孩子时，用的都是那根教鞭，所以他们记忆深刻。

一次，母亲因为没写好作业，被奥老师打了一教鞭，胳膊立刻青了，奥老师还向姥爷告了一状。母亲害怕被训，就跑到不远的一个大门楼，睡了半宿，半蹲半坐，来往的行人问："这是谁家小姑娘，怎么半夜还不回家睡觉？"母亲就说："我家不睡觉！"把行人都逗乐了。直到姥爷下班后四处找，才把母亲找回家去。

在母亲记忆中，小伙伴之间会相互帮忙剪头发，这是现在的孩子不可想象的。几岁的孩子，拿着剪子相互剪头发，结果另外一个女孩

今天的大红门第一小学

子给母亲剪了个分头，那是当时男孩子的发型。以至于母亲上街时，有的大人就问："你是男孩子还是女孩子啊？"

走着去天桥

回忆像百味瓶，夹杂着酸甜苦辣咸，多种味道的混合体。

有一次，一对姓王的夫妇要去天桥，母亲正好去他们家，也就嚷着要跟着去。那对夫妇刚结婚，还没孩子，就把母亲当自己的孩子，带着母亲去逛天桥。

那年代大红门一带没公共汽车，三个人便沿着铁道从大红门，一步一步地走着去天桥……那会儿，木樨园还没什么服装批发市场，也没这么多商家，大多是一些小的商店和小的饭馆。马路很狭窄，尘土很厚……三个人从沙子口的铁道桥洞穿过去，然后再过永定门城楼，才到了天桥。天桥有好多自由市场，王叔叔给母亲买了花生米，王阿姨给母亲买了糖人。接着，两人带着母亲看杂耍，看变戏法，看说评书的……母亲在王阿姨和王叔叔带领下，逛了一整天。

姥爷下班后，一直不见母亲回来，还以为她走丢了。直和姥姥念叨："这丫头，这回是真丢了。"那会儿的孩子没现在的孩子"金贵"，孩子一般都可以自由地跑出去玩。但是当时没手机，孩子去哪里了大人也不知道，因此孩子许久不回，大人再着急也没什么办法，只能够是不停地念叨。

直到傍晚，王阿姨和王叔叔带着母亲回来，姥爷这才放心了。之后，姥爷对母亲说："以后上哪儿，先打声招呼，（今天）这样会把大人急坏的。"

还有一个故事，母亲和小伙伴们放学后常一起出去捡烟盒。有一回，母亲捡回来好多烟盒，还没来得及整理，就扔在一边。那时还很小的老姨就拆烟盒玩，没想到一个烟盒里竟然有四十块钱。20世纪50年代，四十块钱可是一个大数目，但年龄还小的老姨并不知道钱是什么，就在那一个人，拿着这些钱卷着玩。一个街坊正好路过看到了，喊："你家二丫头，怎么玩洋钱票子呢。"姥爷跑过来一看，还真是四十块钱，就问老姨是哪儿来的。姥爷是老红军过来的，对子

第三辑

旧事

129

女教育特别严格，对来历不明的钱肯定要追问，老姨说是烟盒里的。于是姥爷便问母亲烟盒是哪儿来的，母亲便告诉姥爷是在附近的通风公司的垃圾桶捡的，姥爷赶紧去找正好调到通风公司的王阿姨和王叔叔。

后来才弄清楚，是一个老工人，发了工资以后，把钱放在烟盒里，一时忘记，把烟盒当垃圾扔了。老工人家也有一大家子儿女，把工资丢了，正着急呢！当姥爷把钱给他送去时，他直感谢，还买了好多吃的东西来看母亲和老姨，姥爷赶紧让那位老工人把东西带回去，说："心意领了，但东西不能够要。"老工人道谢说："这要是别人捡去肯定就还不了呢！"

母亲和老姨无意之中"惹"了个风波，就这样平息了。

从大红门搬家

童年的往事，很容易让人的思想沉淀，继而升华……姥爷从部队转业到大红门木材厂的时候，那里的条件还很简陋，厂里只有一个火车站、几个办公用的铁皮房子以及几个简易房。

厂里没那么多机械，干活都是人拉肩扛。因此，每当厂里要从火车上卸木头时，都是好几个人一起一边喊着号子一边将木头抬下火车。但就是那样，火车站周围还是堆了好多木头，一垛垛，连成一大片……

有的职工住宿距离生产车间太远；有的集体宿舍住着不同车间、

不同工种、不同班次的工人，夜班工人刚睡下，白班工人要起床上班，互相干扰……居住分散有很多好处，但容易造成大家互不相关，"上班在一起，下班各走各"。厂级和车间领导干部不和工人在一起，不能了解到很多情况，也不知道工人同志们的思想状况是怎样的，因而就不能很好地加强领导……1958年针对这些问题，这个厂系统地调整了职工宿舍，按车间划分了住宅区，按工段、小组划成很多片，使在一起工作的工人，生活也在一起。

那个时候，住房不要钱。岂止是住房不要钱，吃水用电也不要钱，甚至连桌椅、板凳、床都是单位免费提供的。

1955年冬天，姥爷从大红门搬家到了西郊营慧寺的木材厂。搬家前，母亲刚买了双新的白球鞋，在那年代，对一个孩子来说，有双球鞋就是很美的事情了。搬家头天，母亲把球鞋洗了，放在窗台上晒，第二天搬家走的时候，却忘了拿走。那时从西郊到大红门的交通没有现在方便，那双球鞋也就没回去取，这件事情对那个年代的母亲而言，可是一件重要的事情。

搬家时，姥爷雇了一辆大马车，把家里的东西都装上，姥姥抱着刚出生四十天的老姨，母亲坐在一个箱子上，穿胡同，走大街，从北京南边往北京西边走。由于那时还没有三环路和四环路，所以要绕挺大的一个圈子，才到了西面的营慧寺。马车夫忘记了给马带粪兜子了，结果走到哪里，马就拉到哪里，走到哪里都有人出来说……后来那个马车夫的女儿，还成了母亲小学的同学。一次去那个同学家玩，一进门发现同学的父亲很眼熟，原来他是那位给自己搬家的马车夫，这世界也真是小。

第三辑

旧事

若干年后，母亲再次回忆起这些往事时，还是无限感慨。母亲的大红门是一种记忆，是一种心灵的留恋和不舍。这些事就好像发生在昨天一般，是那么的清晰可见，这些美好的往事，悄悄地珍藏在记忆深处。

走定阜大街　摸北京"文脉"

定阜大街位于北京市西城区。东起龙头井街，西至德胜门内大街。明称定府大街。永乐初，徐达之子徐增寿被追封为定国公，其府第在此，故名。清乾隆时叫定府楼街，清末又改回原称，民初又将"府"谐音为"阜"。

这条街上有个庆王府。继续东行，就是我所见过的北京最美的学校原辅仁大学的校址。

我第一次见到"辅仁大学"的时候，感觉简直就是"惊艳"。我面对的是不是一个王府？后来知道，它历史上就是涛贝勒府的一部分。

从辅仁大学旧址北门出来，它的后院，一条廊亭立于假山之上，进去之后总觉得有一圆亭非常眼熟，原来那是陈凯歌电影《霸王别姬》里程蝶衣说戏的亭子。《阳光灿烂的日子》里马猴爬的那个大烟囱据说也在这里，在后花园，还能够看到当年大烟囱的"底座"。

定阜街的东头就是柳荫街，也就是恭王府后花园所在的街。这条街种了许多柳树，我有一次骑车去恭王府花园内参观，恰逢下雨，园内游人稀少，我一边骑着车看周围的景色，一边给一个朋友发一些很诗意的短信。一路行来，看过池中的红鲤鱼嬉水，看过芭蕉上落下的水滴，看过篁竹婆娑，看过菜园子里的各色各样的蔬菜……天放晴时，发现我的车筐里，竟装了许多弯弯的柳叶……

有些时候，对于一个地方的感觉就好像对于一个人的感觉。当你最初离开它的时候，你或许从来没有想到过，你会在某年某月的某一天开始怀念那些有时蔚蓝、有时灰蒙蒙的日子。

最美的大学

北京什刹海西侧有一处值得留恋的古迹：20世纪曾经叱咤中国的辅仁大学。在你游览完著名的恭王府，穿越狭窄胡同的时候，就可以看到它美丽的面容。那斑驳的台阶上，我们似乎还能够看到鲁迅、胡适、梁启超、王国维、郁达夫、张继、范文澜、余嘉锡、马相伯等前辈的足迹。

现在这里是北京师范大学继续教育学院。霜叶满城的时候，从碧波荡漾的什刹海边，就可以望到高高耸立的教学楼，碧瓦泛金，显得那么壮丽。

半个多世纪风雨转眼即逝，变的是人们的容颜和街巷，不变的却是这些高耸的屋宇建筑。当我们理解了它的沧桑以后，才渐渐感觉到自身的幼稚。那古老的墙壁和窗棂，让我们这些后来者感到兴奋。每一步，都有踩在前人足迹上的感觉。

这片安静的风景里，曾经是《阳光灿烂的日子》《霸王别姬》等许多赫赫有名的电影的外景拍摄地。也许是因为电影中所需要营造的那种历史的厚重感与神秘感，只有在此才能够找到落脚点吧。

抗日战争期间，辅仁大学成立以研究顾炎武为名的"炎社"，

134

辅仁大学旧址

反抗日本帝国主义的侵略，激发了师生的爱国热情。1932年鲁迅在这里的演讲震动中华。这一演讲鼓舞了不知多少青年人为抗日而奋斗。1939年"炎社"扩大为了抗日组织"华北文化教育协会"，而著名的影视作品《铁道游击队》中政委李正的原型就是辅仁大学的文立征，1945年他在山东临城的一次突袭中牺牲，年仅三十四岁……

辅仁大学为全社会培养了许多人才。高能物理学家邓黎昌博士、放射药物学家彭勤淄等都是辅仁大学的学子。著名指挥家李德伦、作家萧乾、书法家启功等也都是从这里走出。

这一系列的名字代表了辅仁大学的教育成就，也代表了20世纪上半叶中国现代教育取得的一些成就。

往事悠悠，岁月转瞬而去，1952年，辅仁大学大部分院系并入北京师范大学。人事已非，建筑依旧，近百年的风雨悄然而去。

上学的日子

我在北京师范大学艺术系（今天的定阜大街辅仁大学旧址）读书的日子，是我人生记忆中的优美段落。

辅仁大学里的长廊与楼梯，在我的生命中演绎着古朴的故事。我们上课的地方在最后面的小院的一个二层小楼。第一次走进去上课的时候，那斑驳的楼梯与古老的小楼，几乎让我感到恍如隔世，这样保存如此完整的古老的小院与小楼，在北京很少看到。

我对一位老师的印象颇为深刻。每次他都是激情饱满地给我们讲课，讲每部电影的优点与漏洞，讲每部电影的精彩与败笔。有一次，他在课堂上讲电影的时候引用了一句古文，我没有记录下来，下课后我去问他，他说："你去读读王国维的《人间词话》，自己去找……"为了找那句话，我结识了《人间词话》。还有一件印象深刻的事情，他讲课讲得激昂澎湃，将教室后面一扇窗户上的大玻璃都震得"砰"的一声落地，我们目瞪口呆。后来同学们用"感天动地"来形容他的讲课。

记得那年他上最后一堂课之前说自己将辞职，然后准备"出家"。于是到了他上最后一堂课时，一百多人的大教室，挤满了学生，好多是别的专业、别的系的学生慕名而来。他依然讲得慷慨激昂，但熟知他的同学却已经泪流满面。

在这个曾经的大学校园里，我最留恋的地方是图书馆。图书馆虽然很简陋，馆里所用书架也依然是当年古老的书架，而馆里的隐深处也已落满尘埃，但那种古旧的书香，却让我彻底陶醉。蹲在那里读自己喜欢的书，一切当下都变得遥远，只有文字将我带进另一个"真实"的世界。

生活总是迟缓而悠长的，不被外界打扰。我发现我很快便喜欢上了这座旧院落。院落四周的围墙都是高达三米的灰砖，外面还围着铁栅栏，每隔一米的栅栏上就蹲着一只由大理石雕刻而成的小狮子，它们威风凛凛，见证了"五四运动""三一八惨案""一二·九运动"的发生。

辅仁大学的楼房后围拢了两个方形院落，院落内种有高大的松

第三辑

旧事

137

柏，松柏掩映中还有"一二·九运动"纪念碑。密密的树影覆盖了整个校园，草丛中的石头长满青苔。落雨的时候，到处可闻铺天盖地的雨声。很多年以后，我依然觉得自己仿佛曾经在那个年代活过、憧憬过、奋争过，虽然它离我已经越来越久远。也许当年和我一样在这里读书的同学们也在这个校园内留下了属于自己的"辅仁印象"吧。

与故居为邻

上学的时候，中午是最自由的时间，一个多小时，就可以沿着柳荫街到什刹海溜达一圈。那会儿什刹海西岸几乎没有什么酒吧，只有最普通的民居民宅、一个打太极拳的老爷爷的塑像、银锭桥以及荷花市场。

那时我几乎每天都去恭王府溜达一圈，对蝠池中的金鱼记忆最深刻。每次到蝠池中的小亭子里晒太阳，把带来的苹果嚼碎，扔到湖中，无数的金鱼都会簇拥而来。于是每天中午去那里喂这些金鱼，也成了那时的一堂必修课。

还有附近的郭沫若纪念馆、梅兰芳故居等，都是那时用中午时间走完的。有的中午，自己一个人漫步在郭沫若纪念馆，穿过长廊，看着那些老照片，像自己也走进那个时代。经常在故居门前的马路散步，顺着高墙走，路边常有好多蹬三轮的师傅在灿烂的阳光下下棋、侃大山，或者眯上一觉，等客人来。

郭沫若故居的金字门匾由邓颖超题写，大门里一条小径直伸到一座坐北朝南的垂花门前。在这占地七千多平方米的庭院式两进四合院里，生长着各种各样的植物，其中最引人注目的是院子里的十棵银杏，在秋日午后的暖阳中舒展着它们闪亮的叶片。

绿荫中一对石狮游玩嬉戏，正是主人的不拘一格，才使它们没有站在大门外显示力量，而是轻松活泼地蹲在草地上。与石狮遥遥相望的是垂花门前两口不成对的铜钟，一左一右，和门前两株古柏相伴为伍。稍高一点的一口铸于明天顺丁丑年（1457年），另一口铸于清乾隆甲子年（1744年）。它们都是郭老的收藏。

郭沫若铜像悠然自如地坐落在枝叶纷披的银杏树下，穿越时空，留下了一个文化先驱的姿态：似在沉思，又似在与前来的朋友倾心交流。

而梅兰芳的故居，则是经常关着大门，冬天甚至不迎接客人。记得有几个夏天，走进那个院子，门口的几间房内张挂着介绍梅兰芳生平的图片。我带着几个同学去参观过，被那里的艺术氛围深深感动。

除此以外，附近的十三中也是那时我会去逛的地方，它以前是辅仁附中男生部的校舍。当代著名作家刘心武就曾在十三中任教十多年，他的成名作《班主任》也许就是取材于他的教师生涯吧。许多人对于这条街的留恋，可以用痴迷来形容。

我一直认为定阜街是北京的"文脉"之一，狭长的小巷两旁遍种槐树、柳树。秋天，北京的阳光落下细碎的影子，踏上去有点飘忽。附近的什刹海烟水苍茫，堤岸曲折，杨柳依依，雕梁画栋，有

第三辑 旧事

139

卖旧书画的，有卖古玩的，有老人在拉胡琴唱京戏的……历经百余年风雨沧桑而不曾改变，在这里充满着老北京一切迟缓、悠长的感觉。

远去的蓝靛厂

古朴的蓝靛厂渐渐成为我的梦境，好像只有这时我才能够感觉那亲切的小巷，还有那些善良的乡亲们。有时一闭眼睛都能够闪现出蓝靛厂一带的样子，还有沧桑的立马关帝庙、著名的西顶、北面的清真寺，还有很多老人们上过学的蓝靛厂小学。那些诸如蓝靛厂大桥的寻宝人的传说，火器营、老营房、缠脚腕等古老地名的来历与历史也常常使我对这片区域有所牵挂。

那时姥爷住蓝靛厂的老营房，位置应该在今日之居然之家的路口附近。那是一家木材厂的家属区，一片平房，一排连着一排……家家都是木材厂的职工，几乎家家几辈人都认识。姥爷是这个厂的创始人之一，也是这个厂的党委书记。姥爷是老红军，1949年后参与筹备建起了这家工厂，工厂里的很多老职工都很尊重他……

20世纪80年代初，姥爷得了胃癌，妈妈那时还在东北做知青，电报打到了连部，妈妈带着我哭着坐了三天三夜火车赶回来，那也是我第一次见到姥爷。姥爷一直说要去东北看我们，妈妈做知青时批探亲假是件很难的事儿，一连几年没有回北京探亲，我也一晃儿都上初中了。有一次姥爷说，出差去大兴安岭进木材的时候准备顺便去看我们，因为那年大雪封路而没见成我们。

我们匆匆赶回来，记得那年快春节了，姥爷见到我们也很高兴，他躺在病床上，头微微抬了起来，第一次看见唯一的外孙子，姥爷说

了句："小建，来了……"

姥爷很虚弱，微弱地说了几句话，就又躺下。看得出姥爷很高兴，微红的脸总扭向我待着的方向。

快春节时，医院的护工要回家过年，我和妈妈担负起护理姥爷的任务，记得那年我十几岁吧，具体的记不清，大约十四五岁的样子。

姥爷最爱扭过头来看我背古文，姥爷说："这孩子行，比我强。"姥爷脾气耿直，为人正直，这一点和他的那些老首长很像。母亲作为知青下乡，姥爷始终坚持不走后门，不让我母亲返城，我母亲也是农场里最后一名返城的知青。姥爷是在那个春节的前几天去世的，母亲不久返城回来。

我们生活在那家木材厂的家属区，是一排排的长长的平房，住着木材厂的很多人家。我家住在最后一排的快到最里面的位置。

曾经的家属院

20世纪80年代末，我刚住到那里的时候，因为那里的很多人都和姥爷认识，而且他们辈分都比较大，在家属院几乎见到上年纪的人就要喊姥姥、姥爷。家属院里左邻右舍的人们有时就像我心中的《清明上河图》……家属区的中间位置住着一位张姥姥，张姥姥那时虽然都六七十岁了，但因为身材好，又爱打扮，所以在宿舍区很引人注目。她有几个女儿，其中一个女儿是出租车司机，后来结婚不久生了女儿，女儿会走路会说话后，因为她家住在那排宿舍的胡同口，她带着

蓝靛厂胡同中的一个院门

女儿一见到我就让女儿喊我"大哥哥"。

　　家属院以前走北门，后来街道改造把胡同北门堵死了，只走南门。这一下把附近各种人的生活都改变了。比如以前北门外有个卖一些柴米油盐的小商店，因为行人不再走北门，逐渐淡出了人们的视野。

　　家属区有一家姓董的人家，有一个宝贝儿子，那时二十几岁风华正茂的时候娶了一位四十多岁的寡妇。那个年代"姐弟恋"是绝无仅有的，一时间家属院的老老少少把他们俩的故事都当成了茶余饭后的谈资。结果这对"姐弟恋"一结婚就搬出了家属院。

　　家属院有一个独立的公共厕所，外面的人偶尔会来这里上厕所，当时居委会的主任是一位大叔，大叔经常站在大门附近拦着那些想来

这里上厕所的非本院的人，理由是厕所是家属院的，不是社会公共的。在公厕免费的今天，也许人们无法理解，但那个时代不当家不知柴米贵，大叔管这个，也是出于经济管理的原因。具体应该是因为淘厕所需要居委会自己掏钱吧？

家属院的记忆渐渐远去，后来城市改造，左邻右舍也就各奔东西了。

曾经的胡同里的人们

我们家属院东侧的一条胡同边有一棵很古老的大槐树，一枝树杈正好伸进了一家人的院子，而且还在不断地长。院子的主人很不高兴，因为这个大树杈就像一只大手探进了他家。于是他找了当地的有关部门，但都没人能帮他。他最后实在受不住了，自己找锯子一下锯掉了树杈，自己解决了这个问题。前些日子我故地重游时，猛然想起这个段子。不知道那棵大槐树还在否？后来，我们一行人在路边真的发现了这棵记忆中的大槐树，那被锯掉的树杈的痕迹还在……岁月无痕，这棵带着锯痕的大槐树，一时间就让我想起家属院，想起那些曾经封存的记忆。

家属院北侧是雷振邦家的旧宅，雷振邦就是电影《冰山上的来客》主题歌的曲作家。有住在那附近的居民跟我说，自己曾亲眼见过雷振邦本人。

从雷振邦的旧宅向北走一点，就是秦老师的家。秦老师是当时老营房居委会的主任，退休前是一所中学的老师，退休后一直担任居委会主任。那时的居委会主任，一般都是由退休之后的老同志来做。秦老师的老伴姓祁，因为和我同姓，所以我们一直都说两家人是"一家的"。后来，秦老师把我母亲也拉进了居委会工作。我见到有些地图把一个叫缠脚腕的地名标到了蓝靛厂大街那边，这个地名应该是老营房西北一点的位置，也就是秦老师家所在的位置。据说缠脚腕这个地名和乾隆皇帝有点关系，乾隆皇帝有一次路过这里，被草缠住了脚腕子，乾隆皇帝一高兴说了句"真是缠脚腕"，于是这句话就成了这里的地名了。据说秦老师后来搬到了百望山那边，我母亲还去过那里看望秦老师一家好几次。

我们都这样聚散，都是这样瞬间来了，瞬间熟悉了，瞬间分开了，瞬间远去了……

曾经蓝靛厂的大街

旧时，蓝靛厂最繁华的地方是从现在的立马关帝庙，经过西顶，到蓝靛厂街里的一条大街。那时立马关帝庙和西顶都是附近的一家叫橡胶五金厂的职工住着，不过每次路过的时候，因为地处那一带的繁华区域，即使很晚了也都灯火通明。那时走那条街，感觉很长，商家挨着商家，不是饭馆，就是商店，感觉从立马关帝庙走到西顶都要很长时间……

在西顶斜对面有一户人家，门前有一棵大槐树，夏天如果从那儿过都能感觉到一股清凉。大槐树后还有一户人家，家里有一个七八十

第三辑

旧事

145

岁的老太太，每天拿着大蒲扇，在大槐树下坐着。

从西顶庙大门一直向西走，就是浴室、理发店、五金店、废品收购站之类的商家，拐过来，进入一条南北方向的胡同，那条胡同当时有一个只占一间房的小邮局，小邮局在胡同的拐弯处，只要一进胡同，抬头就能够看到胡同深处的邮局的大牌子。邮局大门冲着东面，大门南边紧挨着就是一户人家，有时到邮局人多了，自行车不仅把邮局门口都排满了，还排到了那户人家的家门口，惹得人家不高兴。邮局的局长是一个头发花白的老爷爷，每次去邮寄东西，或者取邮包什么的，都能够见到老爷爷，不过因为他与来邮局办事的人隔着一个半人多高的台子，若是小孩去估计都看不到台子里面。老爷爷很有耐心，总是深思熟虑以后才说上一句话。

大街中间位置有家粮店，那年代，除了买米买面要去粮店，买个挂面啊、绿豆啊、小米啊什么的也都要去粮店。粮店的经理住火器营，大概四五十岁的样子，每天都忙忙碌碌，也是蓝靛厂街的名人，一举一动都被大家关注着。有一年好像是小米卖得很火，排队买小米的人都恨不得排到了大街上。当时他一边称着小米，一边说："还是社会变化大啊，以前不值钱的现在都有人抢着买了……"随着时间的推移，超市也开始卖粮食了，粮店已经很少有人再去了，再后来那片区域改造，平房都已经消逝。

这条大街是蓝靛厂最重要的商业区，居民吃喝拉撒的都离不开这条街，2000年左右改造之后，这里只剩下了立马关帝庙和西顶，还有立马关帝庙北面一点的当年的蓝靛厂小学——1949年以前，蓝靛厂一带只有这一所小学，很多很老的一辈人，都是在那里上的小学。

20世纪90年代到这里的公交车只有360路支线一趟车，远一点的还有374路支线，从公主坟到颐和园的，路过这里，站设在蓝靛厂大桥。

360路支线，几乎是蓝靛厂人都坐过的线路，几乎承载了一代人的记忆。20世纪90年代初有个瘦瘦的小伙子卖票，那年代的公交车都是单机车，没有售票员的座位席，售票员要下车招呼人上车，再最后一个上车，售票员要一边上车一边向司机师傅喊一声"走——嘞——"然后车才能够走。然而也有失误的时候，我就见过，售票员还没来得及上车，司机就嘭的一声关上门，一溜烟走了。

360路支线在90年代时，还有一个售票员成了名人，具体叫什么记不起了，人送外号老雕，人热情，说话幽默，在车上卖票时段子不断，把全车乘客的情绪都调动了起来。当时老雕应该四十多岁，他幽默的语言风格，迷倒了一群小姑娘，甚至有小姑娘为了看他的卖票吆喝，一趟趟地坐车……

后来随着这一带的改造，估计他们车队也在变动，如今再坐这些车的时候，那瘦瘦的小伙子和老雕等售票员都已经不见踪影，估计是退休了。

374路支线公交车，是当时比较好的公交车，有前后两个车厢，比360路支线看起来要"豪华"很多，可能是因为专门为来游览颐和园的游客而将好一点的车放在这个线路的吧？

很多老街坊，随着时间的推移和环境的变化，或是因为拆迁之后家庭成员的反目，或是面临着都市困境演绎了人间共风雨的亲情……而这片古老的街巷也已经蜕变，变成了高楼林立、马路宽阔的现代化街区，蓝靛厂在新一代人手上继续演绎着新的故事。

第三辑

旧事

147

东安福胡同里寻找历史与童年

　　东安福胡同和西安福胡同，明代合称安富胡同，清朝时，乾隆皇帝曾下旨在这里建造"普宁清真寺"。传说这个寺是为香妃而建，所以也叫"香妃寺"。

　　香妃在历史上争议很多，主要是身世之谜难解，现在最确定的说法是香妃即容妃，因为据相关清史书籍记载，从清太祖努尔哈赤，到末帝宣统，清宫里头所有的后妃中，来自新疆的女子就容妃一个人。因其体有异香，所以俗称"香妃"。至于香不香，只有待有心人去仔细考证了。这位香妃非常受乾隆皇帝的宠爱，但离开家乡后的她并不适应皇宫里的生活，所以乾隆皇帝就在中南海的南面建了一座宝月楼，让香妃在那里生活，一切起居用度都依香妃入宫前的生活习惯安排。而因为平定大小和卓叛乱有功的士兵被留在京城，编成一个营，就驻扎在宝月楼的对面，这样，每当香妃想家的时候，登楼南望，看着浓厚的家乡风情，有如回到家乡一样。有了生活区，还要有礼拜的地方，清乾隆二十七年（1762 年），乾隆皇帝下旨在宝月楼的对面建造了清真寺，寺建成时，大门直对宝月楼，寺内建有一座望月楼。此楼又作"唤拜楼"，每当清真寺诵经时，声音可以传得很远，香妃听见也可解思乡之苦。有人又把此楼名为"望儿楼"，意思是香妃父母思女来京，不能入宫，借登此楼，北望宝月楼，可与香妃见面，所以又呼宝月楼为"望家楼"。这些都是民间美丽的传说。

初到东安福，似乎感觉不到它与周围胡同的差别，可是隐藏在房屋之间那半弯宽约0.5米、高约4米的汉白玉制的石券门，却昭示着这里的与众不同。

安福胡同在军阀混战的年代里，同段祺瑞有着某种特殊的联系，这也许鲜为人知。1917年，段祺瑞利用"张勋复辟"，设下了一个政治圈套。他先是暗中支持复辟，利用张勋驱逐了总统黎元洪，解散了国会，然后又以反复辟之名出兵赶走张勋，控制了北京政权。这年11月，段祺瑞为了进一步巩固他的统治，在安福胡同布置了一个庞大的房舍，作为他那一派军阀政客聚会之地，起名叫安福俱乐部，参加这个俱乐部的政客就叫"安福系"，由这个派系操纵选举的议会叫"安福议会"。从民国六年（1917年）到民国九年（1920年），这个派系控制着北洋政府，民国九年（1920年）直皖战争爆发，皖系失败，安福俱乐部被封。

历史的车轮在向前进。这里先后是铁加工厂所在地和六一制鞋厂所在地，现在在原有清真寺的地址上，起了很多新楼，我们已看不到当年的景象，唯一能让我们记住的，是在东安福胡同的东口处一座公厕旁，从两墙之间的缝隙中，还能看到大门向南开时的青石雕花的山门。就是这一点记忆，也越来越少了。我在很早以前去看的时候，还能看到大约三分之一，后来我又去了一次，就只能看到六分之一了。

和大妈一起寻找老北京人的童年记忆

东安福胡同快到东口的地方有个很窄的"嗓子眼儿"，那时放学的小孩儿要是回来晚了，都不敢走那里，都要绕别的胡同回来。所以这一段胡同在我们的记忆中就成了"最恐怖的一段路"。因为那段路是一个很窄的拐弯，而且没有人家，天一黑下来，就让走过的人感到很紧张。今天再走到这里的孩子，已经无法体会到几十年前的孩子们走过这里时是什么样的心情了。

有一回，我走到这段路的时候，正好遇见一位大妈年纪的人在东口徘徊，她仿佛在寻找着什么。上前询问，才知道她在找那条充满童年记忆的东安福胡同。当时，我也正好要拍一些这条胡同的照片，就和大妈一起寻找她的童年记忆。在大妈记忆中，童年时她住在胡同中间位置的一个院子里，那里是一家单位的宿舍，她和父母一直住到20世纪70年代才搬到了城外。记忆中，他们家有一个很大的门，大门后面是一座颇具北京特色的大杂院，前后两院恰好四间大瓦房承接，错综复杂的地形正好迎合当年大妈那群孩子捉迷藏的需求，大妈儿时的诸多快乐记忆便来自那里。所以她对那几进几出的院落有着一种莫名的亲近感，尤其是住进楼房之后，那种感觉尤为强烈。

可当我们走到曾经大门所在的位置时，却怎么也找不到原来的大门，稍打听后才知，原来院子的格局变了，大妈住的那个院子已经在后面胡同重新开了一扇大门，而现在的这个大门只是当初院子里临街的另一家的门。物是人非，大妈从后面胡同绕进这个院子，院子已经不是当初四合院的样子，到处是私搭乱建的小房子。走道被弄成了狭窄的过道，这些小房子里面住的一般都是外地务工人员，看到我们走进去，他们很惊讶。大妈说这是她童年成长的地方，但今天走进去，已经不是原来的样子了。

　　说到这里大妈有些惆怅，当年的老街坊可还能再遇到一个？我们有些意兴阑珊。就在这时，一对站在胡同中聊天的母女引起大妈的注意，大妈发现那位母亲，正是童年时一起在胡同里玩耍的"发小儿"。大妈记得"发小儿"小时候是个很漂亮的小姑娘，胡同里，她是"胡同之花"。聊起来后，我们才知道，"发小儿"的父亲是国民党的军官，先是被没收家产，后来她自己又去了内蒙古做知青，在那边嫁给了当地人，生了一儿一女。当"发小儿"拖家带口再回到这条胡同的时候，发现她家的房子都已经住满了不认识的人，她只好在走廊的位置自己盖了房子。一晃，儿女都快到结婚的年龄了，还都挤在一起住。大妈看着"发小儿"已经憔悴，不禁感慨，人生真是无奈。

　　大妈他们这拨孩子，都在附近的一个小学上学。大妈有一个同学很漂亮，脸不是很圆，皮肤很白，脸蛋上透着点藕荷色；个子很高，身材匀称，也很丰满，她的大辫子老在后边男同学面前晃来晃去。有一次，她一甩大辫子，把男同学的文具盒打翻在地，然后回头一笑道："对不起啊！" 男同学实在受不了她的大辫子，悄悄把课桌向后拉开了一条缝，等待着她的辫子掉进去……终于有一天，老师一进门，值日生大喊一声："起立！"只听她大叫一声，头向后一仰，被夹住的辫子给拽坐了下来，男同学很内疚，没想到会让她那么难受。

第三辑

旧事

151

后来，女孩考进了某医学院，大学毕业后到医院做了麻醉师。二十多年后再相逢时，男同学向她做了深刻的检讨，她说："我知道你会夹我辫子的，但不知道什么时候。"

大妈不知怎么又想起了那个年代的游戏。第一个叫买瓮。一伙人手拉手围成一圈，手都向面前伸着，一人高喊："买瓮唻，买瓮唻。"一个人过来说："你的瓮怎么这么小？"卖瓮的说："你吹吹就大了。"随着买瓮人的一口气吹来，拉手的几个人一起往后撤，手臂全都张开，买瓮人再吹，就会有一处散开，于是买瓮人就跑，卖瓮人就追，边追边喊："给俺钱，给俺钱。"这个游戏不知玩过多少次，当时只觉得好玩。

第二个游戏叫揣葫芦。游戏开始后先是一伙人站成一排，另有两个单列在外，这两人其中一个手里攥一块小石子，一个管猜。攥石子的一边将攥石子的手挨个在这排小伙伴的口袋里揣一下，一边说着："揣一揣二揣葫芦，揣到南园一嘟噜，开花的坐纽的，看看落到谁的手。"说完一遍，管猜的就开始猜小石子放到谁的口袋里了，猜中了，就可以归队，被猜中的再来猜下一轮。

第三个游戏叫拔菜。拔菜是两个人玩的，两人背对背站好，胳膊挽胳膊，依次将对方背起，一边背一边说："拔菠菜，拔白菜，月明底下抗秫秸，天上是啥？""天上是星，地下是啥？""地下是萝卜坑。"

第四个游戏叫筛麦仁。筛麦仁是几个人手拉手，一边上下晃着手，一边说："筛筛筛麦仁，麦仁开花结石榴，石榴子我吃了（liǎo），石榴皮我卖了，叮当叮当过来了，一盒子香烟两瓶子酒，咱俩吃了你好（hǎo）走。"说完，其中两人拉着的手高高举起，众人就从这个地方钻过去，背向里再说一遍，再钻回来。

大妈他们这群儿时伙伴不玩游戏的时候，也不歇着，她们会对着圆圆的月亮说上一段童谣："月明圆圆，出来神仙，神仙磕头，出来小猴，小猴作揖，出来小鸡，小鸡媷蛋（意为下蛋），嘎嘣两半。"

被警察叔叔拎回了幼儿园的老北京童年

在东安福胡同住过的小王，回忆他的童年是这样的："我的童年有点王朔小说《看上去很美》的意思。位于中山公园内的北京第三幼儿园是我以前上学的幼儿园，从三岁到六岁，我在那里出没了三年。也是那种红墙，牌楼很古典，对一个身高不足一米的孩子来说，凡事凡人都需要仰视。

"我每天早晨听到园车的铃声在门口一响，心情就开始往下沉。磨磨蹭蹭地出来，上车，然后浑浑噩噩地坐在车里跟着车子兜圈子接其他小朋友，最后围着故宫走后河沿。我现在依然觉得那里是全北京最美的地方，红墙绿柳，护城河碧波荡漾。但是当时园车一走到河边，我的心就咕咚一声沉到河底，唉，这时候一颗刚刚苏醒的心明白，马上要到幼儿园了。进去幼儿园的第一件事，要喝杯盐水，那是世界上最难喝的东西，三年来，每个幼儿园的早晨，都是在我喝盐水无法下咽几乎要呕出了的感觉中开始的。之后呢，我们要学文化。回忆起来，我的童年时代像所有孩子一样喜欢出风头，一般什么问题都

153

东安福胡同

争着回答，不管会不会都先举手，现在想想真是不值得，不知道你举什么手啊。有一天学习猪的用途，我把手举到头顶，奋勇地争取到了发言机会，站起来，大无畏地说：'猪是运输工具！'老师当时好像是纠正了我一下，具体好像说猪浑身都是宝，但是由于太胖了，不能当运输工具之类的。当时，小朋友们谁也没笑话我，因为他们也不懂。这事如果就这么过去，我的性格也就不会因此改写，这个世界上就会多一个无知者无畏的出头鸟，少一个表面明亮健康、内心敏感脆弱的性格分裂分子。恰恰事情就没过去，我们中午午睡的时候，我被尿憋醒了，听到一阵上气不接下气的笑声，几个老师正凑在一起议论，议论的内容就是我上午回答的问题，就是猪是运输工具的那事。

她们在嘲笑我给出的答案。我当时血都涌到头上来了，羞愧得想变成一个透明人。我趁着上厕所，像方枪枪（小说《看上去很美》的男一号，一个一心想得到幼儿园的小红花却始终无法得到的小男孩，因一次意外对小红花失去了兴趣）一样逃跑了。跑出幼儿园大门，再出中山公园大门，沿长安街狂奔，到东安福胡同路口，现在那个著名的国家大剧院的位置，冲上人行横道。直到今天（回忆此事时）我的耳边还回响着汽车的一片刹车声。跑着跑着，突然天旋地转，天和地倒了个儿，过了一会儿以后，我才弄明白自己的处境，我被一个愤怒的警察叔叔夹在胳膊弯里，带回了幼儿园……接下来很多事情记不起来了，但是从此我变成了最不喜欢当众发言的人，平时可以废话连篇，但一到正经场合，就变得连话都不会说了。"

伙伴小玲的二姐，我也叫她二姐

怀旧之情令很多往事一齐涌上心头，赶也赶不走，挡也挡不住，回忆由杂乱无章渐渐清晰。据这条胡同住过的小孙回忆从儿时记事到上小学二年级，她家一直住在一条南北走向但不长的东安福胡同里，每次她站在家门口就能看到长安街电报大楼的大钟，不出屋也能听到整点报时那悠扬的钟声。

"我家院子里的邻居都是大人，所以我小时候在院子里没有什么伙伴。不过出了院子，我就有了很多小伙伴。在这些小伙伴中，小平、小明和我是同班同学，而小玲、小文、小娟和我同龄但不是同

155

学，我们几个人天天形影不离。那时，我们同龄的伙伴小玲有一个二姐，我也管她叫二姐，二姐的家在胡同的西侧，不过她家住筒子房没有院子，所以二姐的行踪被我们了解得一清二楚。夏天二姐在门口支张桌子写作业，我们谁也不敢打扰，远远地玩女孩子喜欢的跳皮筋、跳房子，一看到二姐收拾书包马上跑过来自觉自愿地接受领导。现在想起来二姐一定是个特聪明的人，要不小明、小文也有姐姐，干吗也和我们似的都围着二姐转？

"二姐是文体积极分子，她会把学校学习的舞蹈教给我们，而且要求非常严格。于是劈叉、弯腰、踢腿、拿大顶等基本功都是在二姐的指挥下练的，虽不专业但也有模有样的。正是邻居姐姐的严格要求为我以后参加学校的文体活动打下了基础。

"小学三年级的时候我们搬家了，那时离开双栅栏胡同的日子是孤单的，离开儿时朋友的日子是寂寞的。此后我多次回去过，但后来我熟悉的伙伴也离开了，我熟悉的院子变成了陌生人的家，他们不认识我，我也不认识他们。最近我又一次去了那里，那儿几乎变成了停车场，不知我的伙伴又在哪里……"

不知为何突然想起老电影《时光倒流七十年》。如今，在记忆中电影里的很多细节都模糊了。其实忘记了也没多大关系，因为所有的一切，有声的、无声的对白，轻的、重的、难的、巧的铺垫，都只是为了跨越空间又穿越时间，回到那个自己想回到的时光里……现在的我也正是如此地想要一次属于我的"时光倒流七十年"。偶尔看到一个问题：你最害怕失去的能力是什么？年轻的男孩回答说：害怕失去思念的能力。看了忍不住微笑。思念的能力？是那种感觉生命欠缺的疼痛的能力吗？为什么害怕失去呢？

夏尽秋近，该来的来，该去的去，万物都有各自独特的时间轨迹。玫瑰再美，该凋零的也就任它凋零了吧。幸运的是，我们还有回忆和思念能将时光倒流，还有玫瑰花和大自然众多的美好，即便这些美好会暂时离开，但一定还会重回我们身边。

如今人各天涯鬓已斑。原来居住在东安福胡同的许多人又是许多年没有再见面了吧！想起当年的傻与纯，和旧时光的亲切熨帖。年少尚未来得及明白与伤害的一点真情意，被时光团团温柔捧住，凝固成了一个永久的美丽琥珀。

及至年长，刻骨复铭心，患得又患失，若阴差阳错，留下暗伤，心灵的清爽就再也难求。看东安福胡同春花秋月，叹物是人非，不过是恍然一笑罢了。

大杂院里的亲情

虽然偶尔还能在城市的一些角落里见到大杂院，但其实它们已经渐渐消失在我们的视线中，尘封在记忆里。大杂院有两个特点，一个是"大"，一家挨着一家，还有一个就是"杂"，院里住着五湖四海来的人，而且院子里除了原有的房子，还临时搭建了各种房子、窝棚、厨房、煤池子等。不管大杂院如何杂，大杂院里永远有关于孩子们童年天真的故事……

大杂院一般都是1949年前大户人家留下的四合院，后来归房管局管理，一时间涌进来各种各样的住户。

大杂院人虽然多，居住的条件也不好，但人与人之间基本上保持和睦，邻里很少红过脸。遇到几个不着四六的三青子、四愣子在院里闹事，也都有长者出来批评就平息了。

到了下班、放学的时候，清静了半天的院子忽然有了声响，只听哐的一声，那是家里大人还没到家，孩子们推门的声音。那时候，我家钥匙一般就在门边洗脸盆的背后。其实院子里每家的钥匙放在哪里，大家都知道。老张家的在窗台那盆花的底下；老李家的挂在墙上的碗柜里头；老赵家的在门口那个米坛坛头……但孩子们从来没谁去开过别人家的门，也从来没哪家失窃过。

晚饭后，是大杂院最热闹的时光。尤其在夏日晴好的傍晚，长辈们出来了，摇着蒲扇，聊着单位工作、家长里短；年青的一代有

雪后胡同留影

的在灶台边洗碗刷锅，有的还端了个大盆出来坐在天井里洗衣服，嘴上也不闲着，各种闲聊调侃；小孩子们则跑来跑去玩躲猫猫等各种游戏……

　　大杂院的人不是亲戚，但都有一种说不清的"亲情"。那时，虽然居住条件差，但人与人之间的距离近。大杂院当然也有最"不可说的地方"，就是上厕所。几十户人家一大早争抢厕所的几个蹲坑，能够让很多人着急得不得了，那可真是那个时代里苦不堪言的记忆，同时又是那个年代的无奈。不过话说回来，公共厕所又是那年代的"交际场所"，拿着几支烟，山南海北地张家长李家短地神侃，也算是那个年代独有的一个特色了。

　　大杂院另外一个公用的地方是自来水水龙头所在地，那里一般都垒着一个水泥池子，怕冬天里水龙头被冻坏了，水龙头外面被人们用布裹起来。即使有这些措施，冬天的时候水龙头还是经常在大早晨被冻上，拧不开水，这时候就需要用开水烫一下，然后才能淌出水。那时水龙头前一家挨着一家等着接水，有时能够排出一个长龙，如果是性子急的还真受不了这漫长的等待。虽然是公用水龙头，但大家还是比较节约用水的，一盆水洗完菜，还要倒到水桶里擦地。当然也有接水比较困难的因素，所以家家都要有个水缸，以备缺水时还有水可用。

　　大杂院的记忆好似炊烟，短暂出现，又匆忙飘散。若干年后，大家都搬家离开了那里。后来，每当在外面偶然遇到以前同住大杂院的邻居，会有一种说不出的亲近感，相互间还会聊一会儿：你家搬到哪里了，你爸妈身体都好吧……

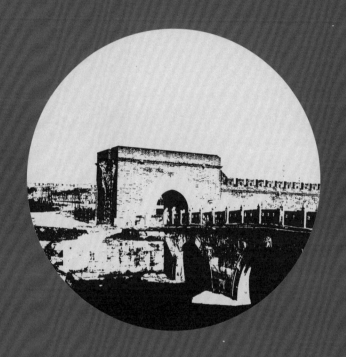

第四辑

旧物

买煤

在老物件的展览上，我看见了蜂窝煤炉子。年轻的朋友见到会很惊奇，问："这是什么？"对于现在出生后就没见过炉子的很多年轻人来说，蜂窝煤炉子本身就是一个遥远而陌生的物件，更不要说如何侍弄炉子了。如果问，20世纪50年代、60年代、70年代出生的人有没有生过火炉子？那是很可笑的问题。因为炉子在那些个年代是生活中很重要的物件，那时如果没有炉子，轻则没法取暖，重则一日三餐都无着落。

那时候的炉子有各种各样的，但都缺不了的一样东西就是柴火或者煤。生炉子的基本步骤就是先找来引火纸，再放上柴火，等柴火烧到一定火候后陆续加上煤。熊熊的火苗，预示着火红的生活，人们就是依靠这丁点儿炉子里的火苗，来

右侧的小房子是当年储存蜂窝煤的地方

遗留下来的煤池子

取暖、烧水、做饭……维持着日常生计。因为生炉子冒出的烟弄得院子里烟雾缭绕，有时邻里也常因此有摩擦。我记忆中，我家住大杂院的时候，因为生火冒出了烟，前院一个姓袁的大叔就来踹门，说呛着他了……狭小的生活环境，恶劣的生活条件，人们都是卑微地生活着。

因为一年三百六十五天都离不开炉子，所以柴火和煤就成了生活中的必需品。在那物资匮乏的年代，这两样东西都是由国家按计划给每家居民定额供应，柴火大概一户一月十斤，煤好像是一二百斤，具体的数目记不清楚了。那时候每家每户都有一本买煤证，哪家要想用煤，就得去煤店凭证购买。居民区周围一般都有煤店，煤店一般只供应自己负责的辖区，不能够跨区、跨片，只有销售不紧张的时候才可能外销。每年快到冬天时，去排队买煤就是家里一件很重大的事情。每到那个时节，男男女女、老老少少都奔向煤店，为的是家里能过上一个温暖的冬天。

煤的质量有好有坏，所谓的好煤就是燃烧能力强，一点就着，烧完后只剩下粉末的那种煤，而且这种煤一般有光泽，太阳一晒都是亮晶晶的。不过这种煤很难遇到。一旦听说煤店里有好煤，居民就会闻讯赶来，抢购一空。而剩下的大多数煤则是一般的煤，燃烧能力超级差，点着以后火势特别小，半天火苗都大不起来，平时热个馒头什么的还凑合，要是想煮顿饺子能急死个人，非得把饺子弄成片汤不可。还有的煤，烧着烧着就熄灭了，据说都是煤砟子压成的蜂窝煤，这些煤只能凑合着用，当然用来取暖还是没问题的。

买煤是个体力活，从煤店运回来，没把子力气肯定不行。家离煤店近的还算幸运，找个小推车什么的就凑合鼓捣回来了，要是几百斤的蜂窝煤，就得找个三轮车或者平板车，脚蹬手拉的，浑身都能够累散架。拉煤一般情况都是去两个人，要是家里人丁兴旺还是不算事情的，若是以"老幼病残孕"成员为主的家庭，买煤还真是难题。

找亲朋好友来帮忙，也是一个思路，谁家有个大小伙子，这时候伸把手，就是赚好人缘的时候。街坊邻里，也爱找这些"帅哥"帮忙，在那年代，"帮把手"就像注入情感里的习惯，不用谁要求，也不用炫耀，自己自备围裙和手套。帮街坊买煤，好像是理所应当和义不容辞的。

住楼上的，还要往楼上搬煤，也是一个体力活，没半天一天一般

第四辑

旧物

165

也搬不完。搬一天的蜂窝煤，几乎可以把身上的衣服湿透，偶尔摔碎几块也会哎呀一声，心疼得不得了。那个年代为了更方便地把蜂窝煤搬上楼，还发明了一种能够用手提的木板。需要把煤搬上楼的，只要把蜂窝煤码在木板上，一般码三层，然后用手一提就能上楼。用了这种木板以后，一下能够端十多块。

买了蜂窝煤就得有个地方储存，话说当年家家都居住条件差，谁也不可能在家里卧室放几百斤煤，风一来乌烟瘴气不卫生就算了，再说还是易燃品，容易引起火灾。煤池子就是在那样的一个社会背景下出现的。那时几乎家家都要砌个煤池子，有的砌在自己家的门边，有的砌在窗户外，有的占了过道砌了煤池子，有的看哪里有空地就占上搭建煤池子……因为都是大杂院或者筒子楼，这种占地儿砌煤池子的事儿没少引发矛盾，为此大打出手的也大有人在。逢年过节，小朋友一放鞭炮，煤池子又储存煤又储存柴火的，也是火灾高发的地方，哪个小朋友弄个什么鞭炮没注意炸到了这些煤池子上，就算惹事了。

煤池子一般都结构简单，四方形或者长方形，大多用捡来的砖头，再和上水泥、沙子，一点点砌起来。瓦工手艺好的，这就是小菜一碟，瓦工活儿不好的就用"搭鸡窝"的方法，把砖瓦随意码起来就成了，也不用砌多高，半人高左右就差不多了……找几根木头做支架，压上点瓦或者油毡就算齐活儿。一般都留有一个小门，便于运煤和取煤。当然有高人，设计得精巧，比如运来煤的时候是一个天窗，每天取煤的是一个小门，这就看主人的聪明才智了。有的煤池子垒得像一个小房子，还把里面分成隔断，有的地方装煤，有的地方装柴

碎砖砌的煤池子

火，分得清清楚楚。

　　煤池子的小门上一般都上一把锁，怕别人家偷自己的蜂窝煤什么的，好像也很少有人偷别人家的煤，那年代人都很淳朴，很少有人打这个歪主意，街里街坊谁也不会丢这个脸。当然也有人家不上锁的，找个铁丝大咧咧地往门上一别，根本不在乎被偷不被偷的。当然也有爱占小便宜的老太太，拿人家一块煤就如中大奖一般，年轻的也都当笑话说一说，谁也不计较。那年代经常看到胡同里谁家买了蜂窝煤，煤店送煤工拉到门口，主人没在家，送煤工就把煤放在他家大门口，堆了一个小山一般，胡同里来来往往的人很多，也没听说丢一块蜂窝煤。那年代街坊邻里的感情比一块蜂窝煤要重得多。

上了铁门的煤池子

煤池子有大有小，装的蜂窝煤的数量也不大一样，再小的也能装一个月烧的，多的能装半年烧的。每年快到冬天的时候，人们都是抽空、请假，把煤买回来运到家里的煤池子里，把家里的煤池子装得满满的，一冬天就不用跑煤店了。不少人家基本一冬天就把这些煤烧干净了，然后再去买新的煤。

但也有的人家去年还没烧完，来年就又买了新的煤，以致压在下面的蜂窝煤成为"陈年老煤"，放的时间很长了。这些"陈煤"有的煤很干燥，一放火里就火苗子很高，真是"陈年出好煤"啊。等到拆迁的时候，这些煤池子里的煤可让不少大爷大妈心疼得不得了，这是他们日积月累攒了多年的"宝贝"，带走是累赘，扔了又实在可惜。

如今煤店都陆续关门，也很少有人再使用蜂窝煤了。一个物件或者建筑的流行，与它出现的时代背景有密切的关系。现在的人都使用天然气、液化气、电磁炉、电饭煲等，而蜂窝煤这个在20世纪与日常生活息息相关的东西，渐渐从人们的视野里远去了。那些与煤有关的遥远的故事，渐渐变成了只有我们这些在那个年代生活过的人才拥有的共同回忆。

暖气忆旧

冬天里，有暖气的房间总给人以春意盎然的感觉，即使外边数九寒天，鹅毛大雪，室内也是温暖如春。但在20世纪六七十年代，一般人家是基本没有暖气的。如果说谁家有暖气，那肯定让周围的人羡慕得不得了。暖气片最早在欧洲发明，开时代先河的是意大利。暖气片在欧洲成熟出现的年代大家公认为是19世纪末，1890年在欧洲贵族宅邸兴起，采用铸铁浮雕单柱形式，价格极其昂贵，作为一种生活中的奢侈品流行于上流社会。

杜甫有句诗"布衾多年冷似铁"，我也曾体验过那铁冷铁冷的感觉，那就是没有暖气的感觉。没有暖气的小时候，最痛苦的是早晨起床，仿佛是从热炕掉进冰洞里。那时，姥爷总是从街上给我买来热乎乎的豆浆油条，让我坐在被窝里吃暖和了再出来。现在回想，那真是最大的幸福了。另外没有暖气，用水也会成为问题。洗漱时打开水龙头，出来的水肯定是冰凉冰凉的，洗什么都要先烧水才能解决问题。否则，手就要接受寒冷的考验。

我们小的时候，普通老百姓接触暖气只有在企业或者机关里。特别是在企业的车间里，因为有些企业的产品生产有温度上的要求，所以暖气要通到车间里。那个年代的孩子一般只有去工厂学工，才能够接触到车间里的暖气。车间里的暖气不仅让车间变得暖暖的，还能够用多余的暖气水洗热水澡。所以在那年代，孩子们都盼望着去工厂

还能见到的老式暖气

学工。

　　在那个年代，暖气管道除了给我们的屋里带来"春天"，还成了我们儿时"探险"的要地。那时邻居家都是年龄相仿的孩子，在一起玩也很开心，其中一个游戏就是俯身钻入楼底下水暖管道那幽暗的涵洞里捉迷藏。那些粗细不等的管道被隔热瓦包裹着，在楼底下纵横交错，一些阀门还会咻咻冒出蒸汽。野猫就栖居在阴暗的涵洞里，偶尔会在夜里听到它们像婴儿哭号般的嘶叫。在孩子的眼里，那就是一个神秘的世界，"诱惑"着我们去探险。有一次，我不小心碰破了插在管道上的温度计，红色酒精洒了出来。自知做错了事，好几天我不敢再进入涵洞。到了夏天，涵洞里会积些雨水，在里面捞鱼虫更是有

趣。我一直纳闷儿，这些鱼虫是怎么跑到那里的呢？冬天那里明明很干燥，为什么在第二年它们又会出现呢？

现在走进北京798艺术区，仍然可以看见场区地面上的供热管线在冒着蒸汽。让人们在观看当代艺术的同时，也感受一下工业文明时代最初开始的地方。

20世纪80年代初，开始流行"土暖气"。所谓的"土"，就是要自己安装，自己设计，自己烧煤……"土暖气"的关键是炉子，炉子市场上并没有销售，一般都是找人专门做的。因为炉子的水平会直接影响到热水循环的效果，所以对做炉子的人要求很高。但多数人做出来的炉子要么是只有局部几个暖气片热了，要么就是暖气片都热了，但整体温度依然很低。所以当发现有的人家的"土暖气"一烧就热时，反而让人觉得这家人找到了"高人"。于是便想请那位"高人"也来给自己家的炉子调试调试。在一番调试后，如果发现真的开始热了，房主就会夸人家"高人"的技术就是好，有时还会适当送点儿烟酒之类的礼品作为酬谢。但其实 "土暖气"存在着一定的安全隐患。

20世纪90年代之后，许多新建的楼房都是有暖气没供热，一问就是小区没有供热管道，看着崭新的暖气片，都是说不出的沮丧。这时候只能够烧高香等着，但具体什么时候通暖气的管道能建好，谁也不清楚。所以在那年代就看到一景，挺漂亮的楼，却发现从不同的窗户里伸出一个个烟筒。那就是住进来的住户等不起供热，自己烧起暖气来了。

2000年之后，暖气也逐渐普及，从传统的水暖、汽暖，到电暖、地暖……形式也越来越多，人们从早年听到暖气试暖水声的兴奋，到后来习以为常的变化，折射着时代的发展，暖气的变化是时代的变化，悄悄地行进之中，我们已经告别昨天。

第四辑

旧物

御寒口罩琐忆

口罩是什么时候在中国出现的呢？说法不一。有文章说，中国最早出现口罩的文献记载是元代，比如马可·波罗在其游记里就记载：在元朝宫殿里献食的人，皆是用绢布蒙口鼻，俾其气息不触饮食之物。那块绢布就应该是口罩的"老祖宗"了，此说是否正确，没有考证。

在20世纪六七十年代，御寒的方法虽然很多，但脸上御寒的方法却只有戴口罩这一种方法。那时虽然国人的物质条件差，但空气质量好，冬天经常是雪花飘飞，尤其是北方城市，说"燕山雪花大如席"一点不为过。冰天雪地的景色虽然很美，但御寒就成了最头疼的事情……怎么御寒？那时的人不像现在衣服款式这么多，那时节，身上能有件棉袄、有条棉裤就算相当不错了。如果条件再好点的，有件军绿的军大衣，在那个年代就能算是很时髦的了。小件的棉手套、毛线围脖、棉帽子也都能够派上用场，但唯独脸上无遮无拦的，北风袭来，脸上就像被小刀子剐一样。

首先开始戴口罩御寒的是在医院工作的医生和护士，他们有这个条件。因为他们上班时必须要戴着口罩，所以当他们大冬天时可以戴着口罩穿大街走小巷，就没什么可大惊小怪的了。但是时间一长，大家发现戴口罩还真是不寻常。别看那口罩只有薄薄的几层纱，但对御寒却是作用巨大。于是，口罩一时间在商店成了紧俏货，马路上戴口

1960 年 6 月，二龙路医院（北京西城区档案馆照片）

罩的人也渐渐多起来，骑自行车的戴，走道儿的戴，晨练的也戴……戴口罩成了一种流行，不知情的还以为在预防什么疫情呢！

那个年代有两种口罩，一种是商店卖的，正方形，纱布制作的，带子细长，戴的时候要先套在脖子上，然后再套在后脑勺。还有一种是医院专用的，长方形，纱布做的，往耳朵后一挂就可以了。医用口罩外面种基本没有卖的，只有医院里才有，不过大家却觉得这个才是最正宗的。因此，常常有一些人到医院里托熟人去找，结果这事儿越搞越大，医院不得不采取措施，控制口罩外流。然而，老百姓的聪明才智是无穷无尽的，自己动手丰衣足食，许多会裁缝活儿的，自己找来纱布和白布，或者更漂亮的布，自己加工，愿意做多大就做多大，

第四辑

旧物

愿意做多厚就做多厚，最后做的就和流行的衣服似的，这种口罩被许多年轻人喜欢。

御寒口罩还有时尚的一面，可以遮住脸，只要女孩子的眼睛长得好看，就能够瞬间迷倒别人。据说那年代许多相亲的女孩子就因为这个原因，选择室外见面，以天冷为借口，戴着一个硕大的口罩，露出一双迷人的眼睛，让很多男孩子一见钟情。"害得"不少男孩子，等女孩子摘掉了御寒口罩才发现，自己的"梦中情人"并不是自己想象中的那样子。

在进入新千年之后，御寒口罩逐步退出历史舞台，因为天气变暖和御寒的东西越来越多，御寒口罩这种用品在女孩子看来有点档次低了。但随着前几年一些疫情和雾霾的出现，口罩又重回人们的视线。

理发

　　20世纪六七十年代时，每逢过年前，人们总要去理个发。因为那个年代，过年置办一身新衣服要费点劲，但若你想理头发换个新气象，还是可以办到的。而且以前有个老习俗，就是过年后到二月二之前不能理发，很多人都遵守着这个习俗，所有人过年前把头发理好是一件大事。其实这么做就是为了要甩掉旧的东西，迎接新气象。

　　那时，理发店不像今天这么普及，每个区只有几家国营理发店和

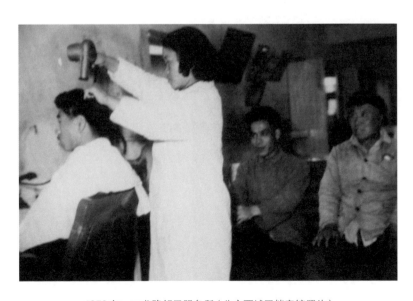

1958年，二龙路邻里服务所（北京西城区档案馆照片）

第四辑

旧物

几家集体办的理发店。国营理发店是新式的理发座椅，可以起落、躺着，洗头发的热水是锅炉烧的，冷热水可以自己调节，费用也分甲级和乙级，级别越高收费就越高，一分钱一分货。而那种集体办的理发店一般都是门脸不大，几把椅子，两三个理发员，而且年龄都很大，估计是以前背着剃头挑子走街串户，公私合营后进国营单位的剃头师傅。

那时候，人们进了理发店坐下后，理发员首先总会亲切地问："您想留个啥发型？"在得到回答后，才开始理发。接着你就会听到刺啦刺啦的修剪声在耳边响起。若你闭上眼睛去感受，还能感受到推子从头皮蹭过的震动，一下、两下、三下……其间，理发员还会要求你转换一下头的位置……

要是遇到怕理发的小孩儿，屁股只要一沾到理发店的凳子，他就会情不自禁地哇哇大哭起来，又是打拳，又是踢脚，最后还来了个"无影旋风腿加无敌双拳"……可是几个大人还是无动于衷，硬是把他按在凳子上。最后，小孩儿使出吃奶的力气，

已经关门的老理发店

1958 年，新街口理发馆（北京西城区档案馆照片）

跳下了凳子。理发店的叔叔也是无可奈何，任由孩子自己跑出去了。现在想起那些往事，觉得那时的孩子还真是天真无邪。

平时理发本来没有多少人，赶上过年则排上几十人也是常事。毕竟平时大家都舍不得花大钱来理发，但过年，一年才一回，所以怎么也得花一次大钱"伺候"一下自己。每逢过年前，若你从理发店玻璃门往里看，你会发现里边满满当当的全是人，最少也有二十几个，一看这架势，这理发最少也要等个把小时。所以每逢过年前，经常是理发店还没开门，就有人在门口排起长长的队，尤其那些比较大的店，基本都是人满为患。生意是好了，但这么多人同时来理发，可难为店里的理发师傅了。当时为了节约时间，理发的手续也简化了。许多男

同胞理完发后就直接走了，也不用洗头，因为有洗头的工夫，还不如抓紧时间再理一个。于是，大家都能够理解，有的理发完了，就赶紧去澡堂子。

那几天理发师傅更是连轴转，每天都忙不完。师傅们上班忙，下班也是忙，领导、亲朋好友、街坊邻里……上门来理发的也是一拨挨着一拨。就这样，理发师傅一般都要忙到年三十傍晚，鞭炮声响起时，才能够急匆匆赶回家，想想也是挺辛苦的。

第五辑

旧日

纳兰性德的凄婉和寂寞

"山一程，水一程，身向榆关那畔行，夜深千帐灯。风一更，雪一更，聒碎乡心梦不成，故园无此声。"（纳兰性德《长相思·山一程》）

每每读起他的词都泪水涟涟，记得第一次读到《长相思》这阕词时，我的心微微颤动了一下，仿佛一潭平静的湖水一不留神触到了小雨滴的吻，荡起一圈圈涟漪。怎么会有人把乡愁描绘得如此绘声绘色，短短几句一语中的，竟让人在阅读文字的一瞬间便浮想联翩！读如此情真意切的词，仿佛可以体会词人当时的心情，让人倾倒在每一个字句间。我不禁想，如此多愁善感、撩人心弦、缠绵清婉的诗词该出自一颗怎样玲珑剔透的心啊！

喜欢他的词，不仅因为他的笔墨里散发着青草混杂着泥土的清香，眼到之处，每一个字眼都值得细细咀嚼，更是因为惊叹他的落拓不羁的躯体里竟能涌出如此看似精雕细琢的精华。没有乱石穿空的惊魂，没有马革裹尸的义无反顾，却犹如细细的春雨洗刷读者的心田。那种午夜梦回的感觉，也许非纳兰性德莫属……

满腹才情，堪比南唐后主李煜。如果做一番比较，李煜的词虽哀婉凄绝，但更多的是亡国恨，纳兰性德填词风格上，砌词技巧跟李煜相似，绮丽柔靡，借助身边所及所看之景物，抒发满腔柔情。可是纳兰性德词句间，以花拟人，以水鸣德，诗情旖旎，吟到心酸处，我见犹怜。富贵不过是过眼云烟，仕途只是捆绑包袱，如此生性自由不羁，他的一生注定会在情场上飘浮。多情犹似葬花人的他最终溘然而逝，真是让人忍不住感叹："花谢花飞花满天，红消香断有谁怜？"

纳兰性德的诗词中，对荷花的吟咏描述很多。以荷花来比喻纳兰性德公子的高洁品格是再恰当不过的。出污泥而不染是文人雅士们崇尚的境界。他自号楞伽山人，看重荷花，便在情理之中。

历史的长河滚滚前去，吞噬了太多的东西，也沉淀了太多的东西。它滤去了糟粕，浓缩了精华，然后留给子孙不朽的珍品。纳兰性德死后300年，有人这样形容新时代的小资生活："看王家卫的电影，看张爱玲的小说，读纳兰词。"世人评价："纳兰性德的词纯任性灵，纤尘不染。"唯他才当得上"玉树临风"一词。那样的空灵，那样的俊逸，那样的哀婉，而谁又能理解他这满怀的凄婉和旷世的寂寞？

海淀上庄镇皂甲屯便是纳兰性德最后安身之地。只不过，那片遗迹如今也已荡然无存（原址上修建了如今的上庄镇卫生院）。纳兰性德的所有，集中在这里的，只有一块墓碑和四合院的一角随意放置的纳兰性德墓志（上刻"皇清通议大夫一等侍卫佐领纳兰君"；现存北京石刻艺术博物馆），以及作为从三品一等侍卫故所能享有的陪葬石虎。被王国维誉为"北宋以来，一人而已"的纳兰性德，如今只剩下了这样一种孤单与落寞。

我想起以往所读过的一则关于纳兰性德后人的故事：民国时期，民俗学家金受申曾在北京安定门内的一家酒馆喝酒，见一洋车夫披着破棉袄，持一极精细之碗前来买酒，于是他索要此碗仔细观看，见碗

183

纳兰性德曾经住过的府邸旧址

底有红印"鸳鸯社"字样，惊讶地问道："您家的坟地在皂甲屯吗？"车夫答："是。"金受申便猜测此人可能是纳兰性德后人，遂与车夫攀谈，知车夫确为纳兰性德后人无误，不禁叹息："纳兰氏后人以至于此乎！"

碧绿的翠湖水在微风下静静地流淌。它从何方来，又去往何方？只见那一片云悠悠，这一片水长长。沿上庄路一直北行，过上庄水库大桥，左手边一千米处便是纳兰性德出生的明府花园。只是现在这里已经成了翠湖湿地保护区，而明珠家的花园也早已不复存在。一座名为"纳兰园"的民俗宾馆在明府花园旧址上拔地而起，纳兰园为吸引更多的客源，还在别院里保留了一个纳兰性德史迹陈列馆。

京郊四月下旬，在久违的春暖里，一树的白玉兰正在开放。我站在一个简单的小四合院里。院子的正厅，门锁紧闭。一塑纳兰性德的半身雕像伫立在屋子中间，旁边零散地摆放着一些石碑样的物品，没有任何工

第五辑

旧日

185

作人员在场维护。去旁边的民俗宾馆打听，才知道这些碑里有纳兰性德的墓碑，还有康熙皇帝御笔题写的"明府花园"的石质匾额。我不禁震颤起来，紧接着，是一阵彷徨，最后只觉愤懑又不安。

虽然纳兰性德只活了三十一个年头，但是也许正是这生命的空白，给了我们后人无尽的猜测和遐想。在我们心中，他永远是一个谜，遗憾的生命使他更完美。多年后我们不会忘记那个写出"一片伤心画不成""泣尽风檐夜雨铃"的词人。

散文家韩少华与北京西砖胡同 13 号

2010年4月7日凌晨，著名散文家韩少华因肺心病去世，噩耗传来，大家无不感到悲痛。他是当代将散文写到极致的散文大家，在北京这座城市生，在北京这座城市成长。在他人生的七十六年中，他住过很多地方，其中包括戏楼二巷、地坛北里、新源里、四块玉……但对他影响最深的是西砖胡同。

西砖胡同相传有塔而得名，清乾隆时期分前、后砖儿胡同，清末统一为西砖胡同，沿用至今。从牛街一直向西，走输入胡同，过法源寺后街，就到了西砖胡同。今天，这一带正在进行大规模的城市改造，有的房子已经拆了，走进这条胡同，使人强烈地感觉到北京胡同文化的广如沧海，以及抢救它的万分紧迫。

韩少华居住的老屋在菜市口附近的西砖胡同。他曾回忆说："我家西砖胡同是个坐东朝西的四合院，这个院子有五间带廊子的房屋，垂花门外有两棵白色海棠树。我小时候，家里经常来人。瞧，我的业师郭杰先生来啦，父亲的朋友曹立三先生也来啦。客人中还有魁五哥——早听娘说，姓魁的可并不多。父亲就在垂花门外迎接他们，我也侍立着。娘呢，也正在这五间房屋檐下候着，彼此自寒暄一回。"

韩少华许多的文章中都有他们家在西砖胡同时生活的片段和故事。如韩少华在《西砖胡同和郭杰先生》这篇文章中写道："1946

第五辑

旧日

187

年，十三岁的我考取了北平二中，父亲的心才放下，就续请郭杰先生做我的私塾业师……娘笑说，买这所院子，可多亏了郭先生帮忙呢。"那时郭杰先生每周日早八时准时来教课。看完垂花门外的海棠树，掀起竹帘子，坐在八仙桌前教韩少华古文。赶上吃饭，还是家常炸酱面，一盘黄配白的嫩豆芽，一盘青配白的小葱拌豆腐，还有二两二锅头放在耳瓶里。韩少华家一般都是等到郭杰先生慢慢喝完酒，才会将两海碗自家宽面条端上来，每次郭杰先生吃完两海碗面后，总会汗浸两颊……

1947年4月，韩少华的父亲去世，他在《冯占海将军二三事》一文中回忆道："见到冯占海将军从后厦来到面前，我跪了下去，说父亲走了，因脑溢血去世。冯将军不说一句话，只拉我起来。停了停，冯将军才说办完事也该歇歇一类的话。又停了停，冯将军拿出了两个金锞子来，我鞠了一躬。"

1948年，韩少华母子俩的日子每况愈下，先是许家夫妇搬来，住进了垂花门外的南房里，后来是耿家、齐家……陆续搬来。韩少华和他母亲住在北屋，他母亲无奈地说："家要败了。"后来，国民党兵进驻院子，当兵的进进出出觉得不方便，于是把垂花门拆了。有一天夜里，韩少华听到一个小兵喊："妈呀，我不跑了……"把小小的韩少华吓得心惊肉跳，赶紧钻进被窝。第二天，偷偷一看，南廊子还吊着个大绳子，不知道那个小兵后来怎么样了。

1949年2月3日，韩少华和几个小伙伴从虎坊桥京华书局前挑了串大红鞭，一路走一路放。由珠市口北来，到前门五牌楼，许多人打着小旗子，上面写着"庆祝和平解放北平"。1952年，韩少华的母亲去

西砖胡同内的门礅

世了。处理完母亲的后事，韩少华从西砖胡同那个令他一直牵挂的小
院搬家而去。1961年，《人民日报》发表了韩少华的成名作——《序
曲》，引起文坛各位同仁的关注。

走走北京魅力中轴线

下班路过后海，看到个外国人正举着相机对准一位坐在亭廊中乘凉的北京大爷拍照。他一边拍还一边用不太流利的普通话问那位大爷："你知道中国是什么意思吗？"

老爷子说："国名啊，就像日本、韩国一样……"

走过他们之后我突然想："虽为中国人，但我们未必了解'中国'的含义、来历及其精髓。"还好，张艺谋在2018年北京奥运会开幕式上，以雄厚而细腻的笔墨为我们自己，也为全世界诠释了"中国"这两个字。尤其是那惊心动魄的29个巨大的焰火脚印，踏着中轴线而来，似乎在向人们述说着"中国"的"中"字就是中国古代城市的中轴线。现在我们不妨来走走最代表中国的"中"字的北京中轴线。

魅力中轴线

从北京的地图上我们可以看到一条贯穿南北的中轴线。历史上，这条长达7.8千米的城市中轴线南起永定门，北到钟鼓楼，汇集了北京古代城市建筑的精髓，见证了北京城的沧桑变迁。建筑大师梁思成这样赞美这条中轴线："一根长达八公里，全世界最长，也是最伟大的南北中轴线穿过全城。北京独有的壮美秩序就由这条中轴的建立而产生。"

这条中轴线始于元朝对大都城的规划设计，至明清两朝形成了现有的规模。明清时的北京城，皇宫居全城中心，受三重城垣包围，皇城是朝廷重地，禁止一般百姓进入；内城居住着官僚和商人；外城为一般平民居住。整个北京城的布局体现了以皇室为主体的思想。一条中轴线从永定门、正阳门、天安门、太和殿、景山到钟鼓楼，将外城、内城和皇城串联起来。中轴线上的主体建筑平衡对称、高低有别、错落有序，形成一幅独有的壮美画卷。

中华人民共和国成立以后，在中轴线上又陆续建成了天安门广场、人民英雄纪念碑、毛主席纪念堂等建筑。1990年亚运会场馆最终选址也在北中轴延长线之侧。这是元大都兴建以来700多年间，中轴线第一次向北延伸，其长度由过去的7.8千米增加到13千米。2008年奥林匹克公园也选定在北京最具文化特色的中轴线向北延长线上。

中轴线既是北京城市框架的脊梁，又是展现北京历史文化名城的主线。

沿着中轴线，深度游北京

中轴线的南端是永定门，1957年被全部拆除，2004年重建。如今复建的永定门，门洞上方所嵌石匾的"永定门"三字，就是仿照2003年在先农坛的古树林中挖出来的原永定门石匾所雕刻。

191

永定门北东面是天坛，它是如今保存完好的坛庙建筑群，无论在整体布局还是单一建筑上，都反映出天地之间的关系，而这一关系在中国古代宇宙观中占据着核心位置。

天坛的对面是先农坛，始建时建制沿用明初旧都南京礼仪规制，将先农、山川、太岁等自然界神灵共同组成一处坛庙建筑群。

从天坛与先农坊沿中轴线向北就是前门大街和前门城楼，当年曾是皇帝出城去往天坛、先农坛的御路。

天安门广场大家都熟悉，但是关于皇史宬和菖蒲河公园，知道的人就不多了。外文版的旅行册子上对位于天安门东侧南池子大街的皇史宬有详细介绍，它是清时的皇家历史档案馆。而菖蒲河公园与天安门城楼一墙之隔。四座形态各异的人行桥横跨河道之上，河道中已放入了一千多千克的锦鲤和红鱼，河边保留有六十多株古树。若逛天安门逛累了，这里是不错的休憩之地。

接下来就是故宫了。故宫旧称"紫禁城"，是明、清两代皇宫，被誉为"世界五大宫之首"（北京故宫、法国凡尔赛宫、英国白金汉宫、美国白宫、俄罗斯克里姆林宫）。

继续往北是景山公园，它是元、明、清三代的皇家御苑。景山由五座山峰组成，为旧时北京城内的制高点，东、西、北三面砌有爬山磴道。山顶"五亭"每座亭内曾设有铜铸神像一尊，统叫"五位神"，又有代表甘、辛、苦、酸、咸的"五味神"之称；只可惜帝国主义的侵略，五尊佛像均被掠走。今天只是中间的万春亭内佛像得以复建。

北海能让人感受到城市中少见的烟波浩渺，这里既有江南园林的秀美，也有皇家园林的大气。在北海，冬天可溜冰，其他季节可划船，是一个可以坐下来细品其美的地方。著名的九龙壁就在北海。

从北海后门出来，你就与什刹海相遇了。什刹海是一个没有围墙的开放式公园，是京城里最具平民色彩的休闲场所。近年来，什刹海澄清水质，修整围岸，没堤又加筑了人行步道……它朝着更加美丽宜居的方向发展。

什刹海周边，还散布着大量的名人故居——如张之洞、郭沫若、宋庆龄、萧军、田间、马海德等，另还有广化寺、火神庙、广福观等诸多寺庙道观，京城著名老字号"烤肉季""庆云楼"也在这里。

单体木结构的古代建筑物鼓楼，位于什刹海的东北方向。"晨钟暮鼓"的"鼓"说的便是鼓楼的鼓。

宏恩观在钟楼的东北侧，地势高旷，人称"龙尾之要"。在《1936年北平市政府第一次寺庙总登记表》上，宏恩观被标注为"太监道士庙"。而历史上的宏恩观也确实是作为年老太监退休后的养老之所。现在的宏恩观四周是遮挡物，但因其台基高大，如果从钟楼上往下看，它那宽阔的歇山顶仍很醒目。

鼓楼附近还有一些被遗忘的寺庙，比如净土寺和千佛寺。净土寺胡同得名于净土寺，此庙现在还在；千佛寺本是元代古寺，因寺内的一尊千手千眼佛故名千佛寺，后形成胡同，明中期改称吉祥寺，但千佛寺的名字早已深入人心，民间仍呼旧称。

现在鼓楼的北边尚存有两个规模比较大的寺庙，一个是双寺，一个是拈花寺。两个庙中数拈花寺名气和级别最大。拈花寺位于旧鼓楼大街中部大石桥胡同内，建于明万历九年（1581年），原名护国报恩

第五辑

旧日

193

走进故宫，感受北京中轴线的魅力

千佛禅寺，清雍正十二年（1734年）奉敕重修，赐名拈花寺。1940年吴佩孚逝世后曾停灵在拈花寺的东菜园内。

双寺位于旧鼓楼大街北部的双寺胡同，胡同名即以该寺命名，明成化元年（1465年）神宫监太监刘嘉林舍宅建寺，为大应法王下院。如今原中轴线上的山门及钟楼已拆除，但前殿三间、中殿五间、后殿五间、后罩楼五间、配殿及配房等尚保存完整，正殿前还有四块明代石碑和两个雕刻精美的香炉座。整个寺庙现在分别为几家单位使用。

从鼓楼再向北就是北京元大都城垣遗址公园了。元大都城是元世祖忽必烈用十八年时间建成的，城墙共两万八千多米，用土夯筑而成，俗称土城。它以郊野风光为特色，集文物保护及园林绿化为一体，是一座新型的城市园林。

最后我们来到北京奥林匹克公园，它位于中轴线的北端，面积约一千一百五十九公顷，其中包括七百六十公顷的森林绿地，占地四百零五公顷的展览馆、体育场馆及奥运村，占地五十公顷的中华民族博物院。北京奥林匹克公园是北京举办2008年奥运会的心脏，容纳了百分之四十四的奥运会比赛场馆和为奥运会服务的绝大多数设施。

可以说，沿着北京中轴线一路走来，我们不但观览了众多名胜古迹，还对中国的历史文化有了进一步的了解，可谓是对北京的一次深度探访。因为"北京中轴线"观念和北京的风貌，相当具体地贯通着"致中和，天地位焉，万物育焉"这一中华文化精髓。

中国最后一名状元刘春霖的轶事和"义"事

　　每年高考分数出来之后，各地的高考"状元"便会成为媒体报道的热点。"状元"二字来源于古代的科举考试，但不同的是，科举时代的状元每三年才会出现一个。1904年7月4日的甲辰科取士大考是废除科举制度前的最后一次科举考试，刘春霖夺得殿试头名，他也因此成为中国历史上最后一名状元，即所谓"第一人中最后人"。

　　刘春霖，字润琴，号石云，直隶肃宁人。在诗书画上均有极高的造诣，尤擅小楷，其小楷书法有"楷法冠当世，后学宗之"之誉，书法界有"大楷学颜（真卿）、小楷学刘（春霖）"之说。状元及第后，授翰林院修撰，旋被派往日本，入东京法政大学深造。清光绪三十三年（1907年）回国，历任咨政院议员、直隶法政学校提调、北洋女子师范学校监督等职。1944年1月18日因心脏病突发与世长辞，享年七十二岁。

　　刘春霖于清光绪三十年（1904年）中甲辰科状元后，科举取士制度遂被废除，刘春霖自然也就成了"末科状元"。刘春霖故居的确切地址在北京市西城区新文化街（石驸马大街）以南的西智义胡同2号，此地旧称"猪尾大坑"，住在这里的文人嫌其不雅，故说起自己的住所都泛称"石驸马大街"。同样的原因，后来这里改称"智义伯胡同"，再后来又改成了"东智义胡同"和"西智义

第五辑

旧日

197

胡同"。

刘春霖故居现为大杂院，旧貌已基本全无。原大门开在南侧，现改在西面小门。院内建满小房，蜿蜒简陋，只有中院正房依稀可见旧房廊子，正是状元当年的住房。20世纪90年代时，刘春霖的后人曾专门来此回访，目睹现状，不胜唏嘘。随着西智义胡同的拆迁，现在胡同只剩下两三个双号门牌。

清光绪三十年（1904年）7月，清政府依惯例举行了一次殿试，主考大臣经过认真挑选，把入选的试卷按名次排列，呈请慈禧太后圈定。当时内外交困，忧心忡忡的慈禧太后正准备做七十大寿，想从科举之中得到一点吉兆。她首先翻开主考官列为头名的试卷，字迹流利清秀，文辞顺畅华丽，内心颇喜。但目光一投向落款时，一股阴云陡然升起。这位将要夺魁的举子名叫朱汝珍，一见"珍"字慈禧太后便想起了珍妃，因为珍妃支持光绪皇帝改良，所以她一见"珍"字便肝火上升；加上她发现朱汝珍是广东人，想起太平天国洪秀全，维新派康有为、梁启超，高举反清大旗的孙中山……这些清朝的"首逆"都出自广东，她便将朱汝珍的试卷扔到一旁。

当慈禧太后翻开第二份试卷时，心头又不禁高兴起来。因为第二份试卷是直隶（今河北省）肃宁人刘春霖的，"春霖"二字含春风化雨、甘霖普降之意，这一年又逢大旱，朝廷急盼一场春雨。加之直隶地处京畿，"肃宁"又象征肃静安宁的太平景象，这对烽火四起、摇摇欲坠的清王朝来说，自然是"吉祥"之兆。于是，大笔圈定，名列榜首，发榜时刘春霖由原来的第二名而成了头名状元。经过主考官的保奏，为照顾社会舆论，朱汝珍的名字虽然没有抹去，也只得屈居刘春霖之后了。

刘春霖这位中国历史上最后一名状元，辛亥革命后一度隐居家中，继而出任袁世凯大总统府内史，从事些文字应酬；1917年12月，任中央农事试验场场长。在徐世昌、曹锟当大总统期间，被授予总统府秘书帮办兼代秘书厅厅长，后又任直隶省教育厅厅长、直隶自治筹备处处长等。他曾两次代表徐世昌到山东曲阜主持孔子大成节典礼，并因此名噪一时。

日军侵占北平后想找些名人出来撑台。"伪华北政务委员会"委员长王揖唐是刘春霖同科进士，又一同去日本留学，平素交往不错。1937年秋的一天，王揖唐西装革履，头戴日本军帽，带着贵重礼品，乘一辆锃亮的黑色轿车神气活现地去石驸马大街刘府请刘春霖出山。

见到王揖唐头戴日本军帽，刘春霖心中已很不悦。王揖唐出任伪职，他已有耳闻。宾主坐定后，王揖唐双手一拱，直奔主题："仁兄之品德、才华，胜弟十倍，望兄能为我维持政务，弟感三生有幸！"可还没等他说完，刘春霖便蓦地从藤椅中站起来，将一杯茶水泼在地上，痛斥王揖唐道："君非昔日之君，臣非昔日之臣。我是决不会依附外国侵略者的。当汉奸是不会有好下场的，请免开尊口！"王揖唐见状，只得灰溜溜地告退。亲朋好友得知此事后，劝他到南方躲避一下。刘春霖却沉痛地说："躲到哪里去？南方的大片国土也沦陷了，总不能躲出国门，流浪到南洋去吧？我是中国人，死也要死在自己的国土上！"

日伪当局恼羞成怒，第二天就派兵到刘春霖家，抄走了全部家

第五辑

旧日

具，还将刘春霖历年收藏的书画珍宝洗劫一空，并将其全家赶出家门。刘春霖愤愤地说："宁作华丐，不当汉奸！"后来，在社会舆论的强大压力下，王揖唐方许其归家，允其以重金赎回书画，并发还了抄走的财物。

谁该纪念梁思成与林徽因？

2009年，梁思成和林徽因北总布胡同故居要被拆毁，这消息引起社会关注。

林徽因 "我们太太的客厅"

位于北京市东城区北总布胡同3号（今北总布胡同24号）的故居，是林徽因和梁思成1931年到1937年间的住处。这方院落里曾经有过名噪京华的 "太太的客厅"，聚集过中国文化界名流，承载着林徽因一生中最美好的年华。她家的客厅实际上变成了一个俱乐部和文学沙龙，经常集聚着一批文人墨客在此高谈阔论。

北总布胡同3号从前的院子是个宽广、温馨的地方，院子四边各有一排单层的平房，灰瓦铺成的屋顶，房屋之间铺砖的走廊也是灰瓦顶子。面向院子的一面都是宽阔的门窗，镶嵌着精心设计的窗棂。院子中间种着几株开花的树，林徽因和梁思成的一双小儿女常在树下嬉戏。

就在这间客厅里，每到周末，金岳霖、徐志摩、萧乾、沈从文……这些中国文化史上杰出的人士就会聚集在一起，在阳光中畅叙，间或飘起几杯刚煮好的咖啡的浓香。而聚会的主角自然是林徽

第五辑

旧日

201

北总布胡同：林徽因"我们太太的客厅"

因。梁思成说话不多，他总是注意地听着，偶尔插一句话，语言简洁，生动诙谐。

林徽因和梁思成的故居有好多故事。比如1933年11月1日，沈从文将正在就读燕京大学新闻系三年级的萧乾的短篇小说处女作《蚕》，发表在他主编的天津《大公报》文艺副刊上。几天后，读了这篇小说的林徽因对沈从文说："萧乾先生文章甚有味儿，我喜欢，能见到当感到畅快。"沈从文随即写信告诉萧乾，说："有位'绝顶聪明的小姐'喜欢你的小说，要请你到她家去吃茶。"就这样，兴奋而有点紧张的萧乾，穿着自己最好的蓝布大褂，与先生一起叩响了北总布胡同3号院的门扉。

那天的情景萧乾一直记忆犹新："她刚刚骑马归来，身上还穿着骑马装，显得格外潇洒轻盈，哪看得出是个病人。她对我说的第一句话是'你是用感情写作的，这很难得'，给了我很大的鼓舞。后来聊起天来，谈锋甚健，几乎没有别人插嘴的机会。别说沈先生和我，就连梁思成和金岳霖也只是坐在沙发上吧嗒着烟斗，连连点头称赞。"

1937年，在日本侵略者的炮火逼近之时，他们不愿沦落于日军之手，操起行囊远赴深山老林，抢救祖国的建筑遗产。自此，他们再也没有回到北总布胡同住过。

新林院8号：为中华人民共和国创造新建筑

新林院8号是抗日战争胜利后梁思成、林徽因创建清华大学建筑系

时的居所，因此这里见证了清华建筑系创建的历史。伴随中华人民共和国的成立，北京及全国急需保护的文物建筑名单、中华人民共和国国徽、人民英雄纪念碑的设计方案在新林院8号诞生，因此，这里成为中华人民共和国首批国家艺术创作的诞生地，见证了中华人民共和国文物保护事业的起步。如此深厚的历史文化内涵使新林院8号至今天依然意韵隽永……

　　1946年10月，清华大学复员北平之际，在工学院增设建筑工程学系，梁思成受聘为教授兼系主任，新林院8号从此成为梁思成和林徽因在清华园的居所。

　　新林院8号院落周围砌筑低矮的砖垛略作围护，四周花木扶疏，阳光自林荫间透过。正房前檐用水泥砌出拱形雨篷，房间十分高大，当时还没有暖气，冬天需要生三四个约有半人高的大炉子才能暖和。

　　几个院落都被院墙遮掩着，基本见不到主体房屋的样子。小小的门牌提示着来访者，新林院8号到了。大门紧闭，主人想必在午睡。树影婆娑之下只见得屋檐处的构造，其余已经被加建的房屋和高高的砖墙围得严严实实。这里是清华园最早的家属区，若干像新林院8号一样的院落围拢着一个两百平方米的小操场，白天孩子们在操场上追跑，晚上还有露天电影看。如今，小操场早就没了，被几栋板楼取代，与8号所在的几个院落同向排列。

　　新林院8号正房和后院就是大家伙儿围聚和工作的地方。我去踏访的时候，恰好碰到有人从旁边小门出来，才得知，这里已经住上了四五户人家，正房里住的是房东，加建的几间小房是租户。既然来了，便想看个究竟，试着叩响正门，果真有人在家。推开院门，终于发现了以前8号的些许印记，原来围护小院的矮矮的砖垛已经成为高大围墙之内的一个长台面，摆放着花草。正房的门头还在，透过门帘，后院沐浴在阳光下。因为主人很不情愿被打扰，所以我们待了两三分钟后就识趣地离开了。

1948年年末，北平尚在国民党军队的控制下。梁思成、林徽因忧心古都北平的命运，夜不能寐。"一天晚上，政治学教授张奚若带着两个解放军来到新林院8号梁家，为攻占北平城做准备：万一与傅作义将军的和平谈判失败，不得不被迫攻城时，要尽可能保护古建筑。他们摊开一张军用地图，请梁思成在地图上标出重要的古建筑，并画出禁止炮击的地区。"

中华人民共和国刚成立，梁思成和林徽因，不顾病弱之躯，以从未有过的欢欣鼓舞和昂扬精神，投入了中华人民共和国国徽和人民英雄纪念碑的设计工作中。最终，凝聚着清华大学建筑系师生集体智慧和梁思成、林徽因艺术才华的国徽方案，体现了中华民族特征，完美结合了文化传统与革命精神的人民英雄纪念碑设计方案，在新林院8号诞生了。

1955年4月1日晨6时20分，旷世才女林徽因告别了这个世界，走完了她五十一年绚丽多姿的生命旅程。1972年1月9日，梁思成久病之后逝世。

第五辑

旧日

金受申与五道营胡同

五道营胡同离护城河不远，一到夏天大家都会到河边避暑，随着落日的余晖看天空中那成千上万只雨燕在雍和宫上空盘旋，因为那是它们的家。这些古老屋檐下的小小寓所，一如当初大多数北京民居一样。

我曾在安定门附近的一个写字楼里上班。有一回午休散步时，我无意中发现了安定门立交桥东侧的五道营胡同。五道营胡同呈东西走向，东起雍和宫大街，西止安定门内大街，南与箭厂胡同相通。后来，我在一些书中发现了一条令人心动的注解——研究北京民俗的著名学者金受申的故居在五道营胡同99号，旧时的门牌是五道营36号。

当时看到过这段文字后，我便趁着秋高气爽，踏进了这条胡同寻找我敬慕的金受申的"生活圈"。《金受申讲北京》一书的选编者杨良志在"选编后记"中写道："金受申，是一位不该被遗忘的人——我们这个城市，不该忘；这个城市的我们，不该忘。"

"北京通"金受申

从安定门立交桥向东于五道营胡同一路找下去，怎么也找不到书上写的门牌——五道营胡同99号，旧时的门牌是五道营36号，正好胡

五道营胡同里的一处院门

同南侧一位老奶奶走出门来散步，便和她攀谈起来。说起金受申家，她告诉我现在北侧的环城公园的位置，那棵挂着许多柿子的柿子树所在的地方附近就是当年的金家，一年多以前拆迁了。金家的后代有的搬到了西直门，有的搬到了广安门那边……

她还告诉我，金受申的家是一个坐北朝南的小院。之所以称其为"小院"，是因为院内只有三间北房和三间南房，最东头的一间南房被辟为院门，不够"四合"，不能称其为"四合院"。院内靠西墙处有一丛竹子，为小院增添了情趣，也显示了小院主人的志趣。

正说着，附近走来的一位老先生说："当年我见过金受申先生，我是安定门粮店的，每个月到各家发粮票，金先生就是我常见的人。"停了一下，他接着又说："金先生谦恭待人，充满深情。"

金受申自1931年从北新桥附近的八宝坑1号搬来，在这个小院里住了三十七年，直到1968年辞世。八宝坑胡同位于东四北大街东侧，北新桥附近，清光绪时八宝坑胡同称八宝坑。据传原胡同中段旧时有一大坑，内有许多砖头瓦块，后有人偶然在坑中得宝，故称"八宝坑"。

画家傅耕野在回忆打油诗人张醉丐的时候，也谈到过金受申饮酒："醉丐与受申曾在临河第一楼小饮，大醉。走至东河沿，受申一脚踏入果筐，卖果人昂然起立，醉丐连忙道歉，受申反哈哈大笑，说：'没关系，没关系。'一时新闻界传为笑柄。"

金受申，原名文佩，后改名为文需，字泽生，满族人，清光绪三十二年（1906年）2月15日生于北京。金受申在1923年出版了《〈古今伪书考〉考释》，开始用"受申"二字署名，随着其作品的增多，金受申的知名度越来越高，尤其是当人们把"金受申"与"北京通"等同起来的时候，"金文佩"——这个金受申的原名便被世人淡忘了。据知情者讲，"受申"二字是一位算命先生为金受申批命时所赠的名字。算命先生说："今赠受申为字，盖以圣人受命于天，阁下受命于地，斯亦足矣！"可是，金受申欣然接受"受申"二字，却不是因为"受命于地"；而是他认为"受申"二字，实际上暗含着挨骂、招说、挨瞪、被捋等意思，用北京土话讲，就是不招人待见。

金受申一生留下的作品不少，他自1938年在《立言画刊》上开辟《北京通》专栏，到1945年《立言画刊》停刊，共发表了三百多篇研究清末民初北京社会生活的文章，内容涉及北京的风土人情、历史掌故、三教九流、五行八作。因此，世人称其为"北京通"。金受申自己说："我生在光绪年，经过民国三十年，对于近代史实总要多少注意点。尤以在北京住了多年，祖宗坟墓在北京也有几世，对于风土人情，更应当留意，以尽本地人的责任，这便是我谈北京近代史实和北京通的缘故。"

以邻为荣的五道营胡同

五道营胡同是一个怎么样的地方，才养出了金受申这样一个对北京"知根知底"的人呢？明朝五道营胡同属崇教坊，称武德卫营。据传此地为明朝守城的兵营驻地，故名。清朝属于镶黄旗，称五道营。营、卫均与驻军有关。营是一种军事单位，驻军之地一般也称为营。

卫是明代的军事单位，五千六百人为一卫，有内外之分，驻京者称京卫，驻京外者称外卫，外卫皆隶属于五军都督府。京卫有亲军与非亲军之别，后者亦隶属于五军都督府。卫的名称有不同的来历，或以职司，或以地域，或以佳语。"武德"卫，当是佳语。武德卫营，即武德卫驻地，民国后沿称。1965年整顿地名时将小头条、小二条并入，改称五道营胡同。

老一辈人依稀记得20世纪初的一个春节，就在望雍台南面的五道营胡同内，有一户人家贴出了这样一副春联："东边胤禛紫禁城里当皇帝；西方孔丘国子监中为圣人"，横批是"以邻为荣"，把这里的历史文化特色生动地描述了出来。金受申就生活在这个北京文化氛围浓厚的胡同里。

五道营胡同的门楼很高，门口多有台阶，我怀疑这里以前有水道。这条胡同东西走向，比较长，我们发现这里大户人家很少。东口16号门上有雀替，想必是有品级的人住过。而其他多数人家还是小如意门，尤其以最低等级的随墙门居多。但是这里的随墙门却都建造得很别致，雕花非常精美繁复。

五道营胡同55号院门楼雕刻精美，门楼上的砖雕有三组人物。左面一组两个人物在梅花和松树之中，其中一人坐在梅花中，另一人坐在松树中的桌几前，此二人似乎在对话。中间一组人物一位坐在竹林中，另一位坐在菊花中。第三组一个砍柴的樵夫背着柴走过来，一个得意自在的牧童骑在牛背上，其背景是牡丹丛中。三组人物三种神态。在上部的四个望柱上有四个人物，所表现的人物生动，具有生活气息。55号随墙门外面的雕花，据住在里面的居民说，被人撬去了。

但是里面的雕花却依然保存完整，我们仔细一看竟然是一幅昆虫图。不仔细看还真看不见，在重重叠叠的漂亮的花和叶子下面，藏着一只雄赳赳的螳螂，还有蜻蜓，里面甚至还有一只蛐蛐！

像这种雕着可爱的小昆虫的砖雕，还真是不多见啊。胡同里就是这点好，边边角角不经意间就会发现情趣所在！

沿着金受申生活的圈子继续转悠，来到了后肖家胡同。乾隆年间京城地图中，并没有这个名字，在这只有修道家胡同，也许肖家是修道的衍化名称。接着是永康胡同，明代属崇教坊，称极乐寺胡同。《万历沈志》载："极乐寺有敕建碑，在崇教坊北。又有天仙庵，今无考。"据《京师坊巷志稿》载："极乐寺内有敕建碑，在崇教坊北。"故名。清朝属镶黄旗，称极乐寺。极乐寺建于元至元年间（1335—1340年），明嘉靖年间重修。巷以寺名。极乐寺胡同改为永康胡同，实质是将宗教上的佳语——极乐世界，改为世俗的佳语——永远健康，后称永康胡同。

北京郭守敬纪念馆之思

北京，是座美丽的城市，有让人赏不尽的美景，看不完的古迹。

在二环内的西北隅有一水面，是元朝为了加强漕运而修建的人工河——通惠河在流入城市以后形成的一个巨大湖泊，在元代曾经是漕运的总码头，而这个影响深远的水利工程的"总设计师"就是郭守敬。

什刹海西海北岸的汇通祠始建于永乐年间，旧称法华寺，清乾隆年间重修后改名"汇通祠"。郭守敬曾长期在此主持全国水系的水利建设设计，而北京的郭守敬纪念馆建于此地以纪念这位杰出的天文学家、卓越的水利专家、伟大的数学家。

郭守敬最大的成就是在水利方面，他一生中大部分时间从事水利建设，足迹遍及半个中国，完成大小百余处河渠泊堰的治理，对大都水利的建设贡献最为突出。

郭守敬出生在邢台，祖父郭荣是金元之际一位颇有名望的学者。郭守敬幼承祖父郭荣家学，精通五经，熟知天文、算学，擅长水利技术。郭守敬曾师从刘秉忠。刘秉忠精通经学和天文学，郭守敬在他那儿得到了很大的教益。蒙古中统三年（1262年）因左丞张文谦推荐，郭守敬受到元世祖忽必烈召见，面陈水利建议六条。

元世祖接受了郭守敬的建议，并任命郭守敬为提举诸路河渠，次年，升为副河渠使。

元朝定都北京后，城内每年消费的粮食达几百万斤，这些粮食绝大部分是从南方产粮地区征运来的。元至元二十八年（1291年）南自杭州，北至天津，大运河基本贯通。此时，源源不断的物资从南方"漂"到了通州，加上从海路运来的数量不菲的漕粮，都统统堆积到了通州，人们不得不寻找一条合适的水道，来解决这最后四十里的"瓶颈"问题。

在以后的几年中，郭守敬仔细地勘测了大都城四郊的水文情况和地势起伏。经过实地勘测再三研究，提出了新方案：将积水潭（今为什刹海西海）定为终点，修建一条从通州到积水潭的运河。

但北京地势坡度大，积水潭的海拔在四十六米左右，而到了通州，海拔只有二十米，短距离大落差，天然的河道如果不进行控制，水就会流光，根本无法行船。郭守敬是怎样把通惠河接到积水潭的呢？原来他通过引大都周边的诸山泉和河流的水供给积水潭，解决了水源问题。

元至元三十年（1293年）秋，工程全线竣工，漕船可以从三千里之外的杭州直达"海子"码头，也就是现在的积水潭。那时的"海子"堪称烟波浩渺，水天一色，漕船密密麻麻几乎遮蔽了"海子"的水面。

明代情况发生了很大变化，河道湖泊荒废了许多，积水潭失去了运输和码头的功能，转化成文人游赏的景区，水域面积不断缩小，逐渐形成今天分为前海、后海、西海三个湖泊的什刹海。

在明清两朝，由于积水潭水量减少，无法再用于漕运，为了把粮食从通州运到北京，真可谓代价巨大。

通惠河在明清两代大大地萎缩了。明代，通惠河通航河道只剩下

五个闸。到了清代末年，火车轮船开通以后，京杭运河停止漕运，通惠河也没有再维修。

通惠河上，自东便门迤东第二闸称庆丰闸，俗称二闸。明清时期二闸段风景秀丽，商贸繁荣，人烟稠密，十分热闹。清代文人劳宗茂就写过《过庆丰闸诗》：

红船白板绿烟丝，好句扬州杜牧之。

何事大通桥上望，风光一样动情思。

庆丰才过又平津，立遏通渠转递频。

莫谓盈盈衣带水，胜他多少辚轮辛。

至清光绪二十六年（1900年）实行了六百零七年的漕运停止后，有记载民国初年二闸以东仍有船只往来。民国时期北平的一首儿歌里有一句："劳您驾，道您乏，明儿个请您逛二闸。"这里俨然一处游览胜地。

通州以南南门外过去还有南浦闸，现在已经不复存在，再往南就是里二泗村，也就是通惠河的河口了。里二泗村，元代已成村，因近四河：白河、凉水河、萧太后河、通惠河，山门匾额明写里二泗，名从水旁。该村曾为元、明、清三代漕运重要通道，曾有"船到张家湾，舵在里二泗"之民谣。

如今，通惠河早已完成了它的历史使命，这条曾为古都通航六百余年的古河道，现代人有理由记住它，纪念它。郭守敬一系列的治水措施和水利工程建设，保障了元大都供水及漕运，对元大都的稳定、发展和繁荣功不可没，而他在天文历法上的贡献，更是举世瞩目。

郭守敬一生另一大成就便是推动了天文学的发展。元初的天文仪器，大部分都是宋、金时期遗留下来的，仪器破旧已经影响到了测量的精确度。郭守敬在原仪器的基础上进行改制，并在实践中重新设计。郭守敬改制和重新创造了十多种天文仪器，其中有二十多项创造发明遥遥领先于当时世界其他国家的水平，为促进人类科学事业的发展做出了巨大的贡献。

这些仪器颇多创造性，大大提高了观测精度，对元、明时期天文研究的影响极为深远。

郭守敬编撰的天文历法著作有《推步》《立成》《历议拟稿》《仪象法式》《上中下三历注式》《修历源流》等十四种，共一百零五卷。

元至元十六年（1279年），在郭守敬领导下开展了全国范围的天文测量。为了完成天文测量，他"东至高丽，西极滇池，南逾朱崖，北尽铁勒，四海测验，凡二十七所"。一年以后，也就是至元十七年（1280年），《授时历》告成。这部新历法设定一年为365.2425天，比地球绕太阳一周的实际运行时间只差26秒。《授时历》通行360多年，是当时世界上最先进的一种历法。

延祐三年（1316年），元代著名的天文学家和水利学家郭守敬病逝，终年八十六岁。1970年，国际天文学会将月球背面的一个环形山脉命名为"郭守敬山"；1977年7月，经国际小行星组织批准，中国科学院紫金山天文台把他们于1964年发现的一颗国际小行星也正式命名为"郭守敬"……这个伟大的名字，将像天上的星星一样，永放光芒。

第五辑

旧日

第六辑

旧食

老北京的豆腐

老北京有些饭庄的豆腐很有名，如同和居的大豆腐，砂锅居的砂锅豆腐，西单胡同里的富庆楼的鱼头豆腐……都是让人垂涎不已的美食上品。

老北京有首儿歌："要想胖，去开豆腐坊，一天到晚热豆腐脑儿填肚肠。"据考证，豆腐是西汉淮南王刘安发明的。著名文化史专家邓云乡先生在《小葱拌豆腐》一文中说到了一则有关豆腐的掌故，那是清康熙年间，康熙皇帝巡游江南，江苏巡抚宋荦迎銮时，康熙皇帝说："朕有日用豆腐一品，与寻常不同，因巡抚是有年纪之人，可令御厨太监授予巡抚厨子，为后半世受用。"这究竟是怎样的一种豆腐，不得而知，但无论如何，这品豆腐总该是非常好吃的。

老北京的豆腐制品品种繁多，有的还成为具有北京特色的北京豆制品，如豆浆、老豆腐、冻豆腐、豆腐干、豆腐熏干、白豆腐干、豆腐皮、豆腐脑儿、豆腐泡、炸三角、酱豆腐、臭豆腐、豆汁、麻豆腐……几百年来，老北京民间有无数个制作豆腐的作坊，一般都被称为豆腐坊。与豆腐有关而形成的地名有十几个，如豆腐胡同、麻豆腐胡同、豆腐池胡同、豆腐巷、大豆腐巷等。

广和居在清末民初是赫赫有名的馆子，清代工部尚书潘祖荫常来这里，他有一个"潘家豆腐"传世，用活鸭脑与水豆腐合烹，鲜美非常。广和居还有一个"江家豆腐"，用豆腐和虾子、豆豉、笋丁制

豆腐（叶金中摄影）

成，美味又精致。

　　梁实秋先生最爱吃"鸡刨豆腐"，把一块老豆腐在热油锅里用筷子捅碎，略炒一下，打入一个鸡蛋，再炒，加大量葱花。饲养过鸡的人都知道，一块豆腐被鸡刨过后是什么样子，名字虽然难听，但吃起来却是别有风味。

　　满汉全席里有一道"平桥豆腐"不得不尝，这是一道很有名的菜。所谓平桥只不过是当地一个小镇的名字，据说那里的豆腐最好，如今只剩下一个美好的名字留在菜谱上。这道菜曾经入选过满汉全席，首要的是刀功，滑软的豆腐都被切成碎小的菱形，可是每一片都保持完整。这道菜的辅料很多，有香菇丁、鸡肉丁、香菜末等，最后

麻豆腐（叶金中摄影）

麻婆豆腐（叶金中摄影）

还要用鲫鱼的鱼脑提鲜。做成后，味道清淡，后味绵长。吃时需要注意，看上去不热，实际上很烫。

老北京还有臭豆腐也是一绝。清康熙八年（1669年），王致和进京会考落第，滞留京城，为谋生计，做起了豆腐生意。他一边维持生计，一边刻苦攻读以备下科。一次，做出的豆腐没卖完，时值盛夏怕坏，便切成四方小块，配上盐、花椒等作料，放在一口小缸里腌上。然后他就歇伏停磨，一心攻读，渐渐把此事忘了。秋凉重操旧业时他想起那口小缸里的豆腐，忙打开一看，臭味扑鼻，豆腐已成青色，弃之可惜，大胆尝之，吃到嘴里不但不臭，反而味道十分鲜美，拿给邻里试之，无不称奇，从此尽心经营起臭豆腐来。

220

清代美食家袁枚的《随园食单》中，记录最多的就是豆腐，有冻豆腐、虾油豆腐、蒋侍郎豆腐、杨中丞豆腐、王太守八宝豆腐、程立万豆腐、庆元豆腐、张恺豆腐等，不一而足。其中冻豆腐是最受欢迎的，可下火锅，可做冻豆腐粉丝熬白菜。有人说，西山的泉水做的冻豆腐最好吃，其实泉水好做豆腐未必好，凡是冻豆腐，味道都差不多。老北京的劳苦人民，辛劳一天，捧着一大海碗冻豆腐粉丝熬白菜，就个大馒头……稀里呼噜地吃下肚，快乐极了。

老北京的凉粉

凉粉是北京小吃中的时令食品。凉粉色泽洁白，晶莹剔透，嫩滑爽口。有诗称赞：

冰镇刮条漏鱼穿，晶莹沁齿有余寒。

味调浓淡随君意，只管凉来不管酸。

听老人说做凉粉的原料十分讲究，一定要用绿豆淀粉。做时先将绿豆淀粉用凉开水化开，用勺子搅匀，再倒进烧开的水中，一定要边倒边搅。搅匀后倒进大凉盘或方屉里放凉，然后在凉水里浸泡，再用刮挠刨出条儿，或用刀切成方条儿。

凉粉其实制作很简单，先把做好的凉粉切成一大片，撒上盐，涂一层菜油，再抹上香油豆瓣，最后放点葱花，就大功告成了。也许是在没什么零食可吃的年代，觉得它的口感、味道都不错，色也是红、黄、绿三色搭配，挺美观的。再加之真材实料，韧性也不错，完全符合色、香、味、形的标准。这可是地道正宗的凉粉啊。当然，您若再浇上上好的酱油、醋、蒜汁、胡萝卜丝等佐料，要不就是酱油、醋、调好的芥末、胡萝卜丝等佐料。您是一口一刺鼻儿，那叫一个爽啊。还有一种作料是芝麻酱、醋、辣椒油、芥菜丝，那就是另一番味道了。

还有一种凉粉叫漏鱼，它用开水将绿豆淀粉调成糊状，倒入架在缸上的漏盆中，缸内放半缸凉水，淀粉从漏盆的洞内漏出，像蛤蟆骨朵儿，一头圆一头尖。食用时用漏勺将凉粉捞出盛在碗里，浇上佐料即可。但因凉粉全是淀粉，不易消化，老北京流传这样一首歌谣：

 粉有拨鱼与刮条，洁明历历水中漂。
 让君选择让君饱，只管酸辣不管消。

这大热天儿的，您不弄点凉粉儿尝尝！

想来我也算是走过一些地方，高、中、低档的各式餐馆也进了一些，装盘比原来的好，卖相也不错，但总感觉我们现在的老北京小吃越来越吃不出味道。好像突然进入了工业化时代，全都是从一个模具上翻造出的一般，更有甚者，是不是绿豆粉做的凉粉我不敢说，您可要小心了，千万别吃坏肚子，那可就受罪啦。您要是减肥？哈哈哈……那就另当别论了。想来想去真正能进入我记忆的还是童年时吃的那些小吃。

爸爸与糊塌子

　　虽然现在如此多的美食涌入京城，但想想那些非常具有老北京特色的饮食，仍然令人回味无穷。糊塌子是老北京人都喜欢的一道食品，做法简单，味道独特，老幼皆宜。市场上虽有制售，但经营网点不多，不易买到。当西葫芦上市季节，也是家庭自制糊塌子的大好时机。

　　我最喜欢爸爸做的糊塌子。把调好的面糊放到滚热的锅里，摊平，烤熟，倒上豆油，放上一只鸡蛋，然后依次折叠，这便是焦黄香脆的鸡蛋糊塌子。当那种香味钻进鼻孔的时候，我的口水已经在喉咙里吞咽了无数次，似乎一不留神就会淌出嘴角。

　　糊塌子这个词很明显不是汉语，而是演化来的。"糊"是四声；"塌"是一声；"子"是轻声。现在标明"北京菜"的饭馆，菜谱上基本都有这道菜。其实这也不算一道菜，可以说是一种小吃。每个饭馆的做法不尽相同。而我最喜欢吃的，是每年春天西葫芦刚下来时，爸爸在家做的。

　　糊塌子是北京家家户户常吃的食品，各家有各家的做法，味道也不尽相同。听老人们说过，糊塌子最地道的要用"瓠瓜"，就是像一个大大的逗号的那种浅绿色外皮的瓜。现在很少见了，大部分都用西葫芦做，我家也一样。我认为要做好糊塌子，西葫芦的选择很重要。我一般选那种一尺多长的、外皮深绿色的"成年"西葫芦。这样的西

糊塌子（叶金中摄影）

葫芦瓜肉致密、清香味浓，而且营养成分高、纤维丰富，做好的糊塌子也易成型。尤其注意不要去皮，姑且不谈西葫芦的皮入药能够利水、除湿、祛暑、通便，单就那咬起来咯吱咯吱的口感，远非其他食材可比。新鲜的西葫芦，不大，很嫩。去皮，用礤子擦成丝。然后撒点盐，稍微腌一下，接下来把西葫芦丝加面粉、水和盐，调成不稀不稠的糊状。面粉和水的比例，完全是在实践中摸索出来的。

　　煎糊塌子，要用烙饼的饼铛。将饼铛烧热，用大勺子放一勺调好的糊进去，摊成直径十厘米左右的饼。饼不可厚，厚则无味；不可薄，薄则易焦。一面摊熟，翻面，等到两面都煎熟了，出锅。

　　小时候，在只能吃到应季蔬菜的年代，每年春天的糊塌子，真是

第六辑

旧食

225

一个美好的盼望。现在，一年四季都可以买到西葫芦了，也很便宜，可是每年盼望的还是初春那第一顿。

在春雨初晴的夜晚，赶了路回家。家，一个有温暖灯光的地方，一个厨房里香气扑鼻的地方。而一碟金黄的糊塌子，便定格在记忆的年轮上了。翠绿微焦的糊塌子，浇上蒜泥米醋的蘸汁，就上一口冒着热气的馒头，配一碗爽口的绿豆汤……那就是家的感觉。

会做糊塌子的爸爸，能讲很多的故事。多少回，我在他讲故事的时候酣然入睡。他说，天上有多少颗星，地上就有多少个人。人死了，天上就多了一颗星星，那颗星就是这个人的眼睛。每次仰望星空，总在想，爸爸，在这茫茫的夜空，有一颗星星就是您的眼睛吗？您真的在天上的某个角落里注视着我们吗……

老北京的疙瘩汤

疙瘩汤属于老北京的家常便饭，是老北京的保留"剧目"。前门外"都一处"的疙瘩汤俗称"满天星"，也算是京城饮食一绝。据说，慈禧太后也好这口。疙瘩汤要做好，一是火候要掌握得好，二是疙瘩要均匀。但就这么简单的家常便饭，要做好了，还真不容易。

碗里放一些面粉，放入凉水，用筷子和成糊，不要太稀，也不能太稠。然后锅里放一些油，油热了放葱花和姜末炒出香味，加水，放西红柿块煮开，加盐、鸡精、料酒和酱油，煮到西红柿基本化了，让汤面保持微沸的状态，然后用筷子把面糊一点一点地调入锅里，然后再煮开，放入打散的鸡蛋就可以了。

疙瘩汤是北京饭馆的一大特色，老北京特色的餐馆里有它，烤鸭店里有它。我上小学的时候，正值20世纪80年代。那时，生活还不富裕。如果是平民百姓家，尤其是像我们这样一个五口之家，要想吃得好点，做饭的人是要费点心思的。妈妈是一家的主厨，她很会做家常菜。那时的北京，冬天没什么新鲜蔬菜吃，家家户户的餐桌上，总是大白菜唱主角。我是家里最小的孩子，仗着妈妈的宠爱，吃饭时总是挑肥拣瘦。记得那时我总是缠着妈妈哭叫："我要吃好吃的。"至于什么是好吃的？其实我也说不出。不过有一点我知道，只要我一闹，妈妈就会把饭菜变个花样，疙瘩汤就是花样中的一种……

犹记得在一次下班后，我走进单位附近的胡同里，正好看到有

第六辑

旧食

227

一块大大的广告牌上写着老北京炸酱面的字样。尽管这只是间不起眼的小门脸，已经饥肠辘辘的我还是停了脚，然后进去点了碗面。"疙瘩汤有吗？"我不抱什么希望地问。老板娘愣了一愣，然后笑着说："有。我先给你做了面吃着，疙瘩汤过会儿好。"这时，旁边有人说："她的奶奶做疙瘩汤做得特别好，能把疙瘩打得全部大小一致，听说之所以疙瘩打得好是因为小时候做童养媳被恶婆婆逼的，练就了一手打疙瘩的好手艺。"

疙瘩汤（叶金中摄影）

疙瘩汤上来了，看到它的时候，愣住的是我。这么大的一份！直径足有二十厘米的大海碗里，是满满的漂了蛋花和香菜的密密的面疙瘩！

老板娘从大海碗中舀出一小碗疙瘩汤推到我面前，说："好了，放这里了，剩下的你自己慢慢舀了吃吧。"

我慢慢搅着小碗里的汤，又端详那大海碗一会儿，估摸凉得差不多了，舀一勺，为保险起见又吹一吹，才往口里送。嗯？不错哎，疙瘩摇得很匀，咸淡调得刚好，香油之外，或许还加了味精，味道很鲜，比自己家里加菜叶碎和葱花的做法另有一番滋味。

我这下来了"精神"，喝了一碗，又一碗。明明已经感觉肚子有点撑了，可还是忍不住想再吃一点……最后，我喝了三碗半，肚子那叫一个胀啊！即使喝了这么多，再瞧大海碗中，竟然还是剩了有一小碗多的量！

　　依依不舍地看看那些剩下的疙瘩汤，喊老板娘算账。老板娘笑盈盈地说："四块！"果然是好吃又实惠的疙瘩汤啊！

　　在这样紧张而忙碌的日子里，人其实还是念旧的，吃多了海味山珍，坐下来慢慢喝一碗朴实无华的疙瘩汤，在家常的味道里随意闲谈，应该也是不错的事情。

　　时常回忆起那个寒气逼人的北京冬夜，全家人围在一张正方形的

疙瘩汤（叶金中摄影）

餐桌旁，一边吃妈妈做的疙瘩汤，一边谈论一天的见闻。一家人吃着说着，不知不觉就将一大锅疙瘩汤喝完了。喝了那热乎乎、香喷喷的疙瘩汤，不但使在外忙碌一天的家人饥渴全消、周身暖和，心情也格外舒畅。

老北京山里红

　　"买山里红了，大串儿的，大串儿的山里红……"老北京在深秋之后，尤其到了孩子们期盼的年节时，在隆福寺、护国寺、白塔寺等地举办的庙会上，常常能够听到卖山里红的吆喝声。山里红，也叫红果儿，山楂……只是随口叫的不同。它盛产于北京的郊区，平谷、密云等地的山里红都非常不错，色红、个儿大、果实肥厚，酸中还能够带有一点甜味儿，好吃着呢。

　　卖山里红的小贩，一般都是用线把山里红串成像项链一般的一个大圈，挂在自己的脖子上，颇有些沙和尚的感觉。他不但脖子上挂许多串，左手小臂弯曲着，也挂着许多串；只剩下右手做动作。其吆喝的词句甚为可笑，不论他身上臂上挂着多少串，嘴里都喊着："买山里红吧，就剩这一挂啦！"这一声吆喝立即引起不少孩子的注意，买了山里红的孩子一般也会互相比一比，看谁的个儿大、数量多。

　　山里红可以做成不少特色小吃，比如冰糖葫芦。当然也有偶尔用海棠、葡萄、橘子瓣等做冰糖葫芦的。但最正宗的冰糖葫芦还是用山里红做的。梁实秋先生在《雅舍谈吃》一文中记述道："（冰糖葫芦）以信远斋所制为最精，不用竹扦，每一颗山里红或海棠均单个独立，所用之果皆硕大无比，而且干净，放在垫了油纸的纸盒中由客携去。"可见小小的冰糖葫芦不但深入人心，更得到了名人大家的赏识。

　　当然做山里红的冰糖葫芦也是有方法的，首先要挑选新鲜饱满、大小均匀的山里红，洗净。将山里红拦腰切开，用小刀挖去果核，然后将两瓣合上。把去过核的山里红用竹扦穿起来，每串大概十来个。接下来是熬糖，糖熬到刚刚好时，呈黏稠的透明状。如果熬制时间不够，糖会粘牙；如果熬得过久，糖则会泛苦味。这两样准备好以后，就要给串好的山里红蘸糖了。蘸糖这个环节看似简单，但很需要技巧。如果糖裹得太厚，吃下去一口咬不着果，是比较失败的。糖要蘸上薄薄而均匀的一层，即算成功。蘸裹上熬好的糖浆，等糖浆凉后凝结即可。这样做好的冰糖葫芦吃起来又甜又酸，松脆可口。做冰糖葫芦不可性急，也不可怠慢。

　　每年的农历正月，厂甸上都有冰糖葫芦售卖，除了小串的，还有长达好几尺的大串冰糖葫芦，看着就很威武。清朝光绪年间，有一首《厂甸正月竹枝词》：

　　　　雪晴满路是泥塘，车畔呼儿走不忙。
　　　　三尺动摇风欲折，葫芦一串蘸冰糖。

　　除了做成冰糖葫芦，山里红还可以做成山楂糕、金糕、果子酱、果子汁……如果把山里红去皮去核，加糖入锅翻炒，待糖浸入果肉加水煮开，晾凉之后食用，味道酸甜，色泽艳丽，这就是北京的"炒红果"。山楂糕也是值得一尝的小吃，它是以山里红、砂糖等为原料，经过特殊工艺制作而成的一道具有老北京风味的糕点类甜品。酸酸的味道，同时又觉得很甜，酸酸甜甜融合得很好，作为开胃菜非常不错。

用山里红做成的美食对于北京人来说是一种代表了幸福的美味。您想呀，它红彤彤本就喜气，而酸甜口味对北京人又特别具有诱惑力。每到庙会，山里红做的冰糖葫芦一登场，总会给人们留下难忘的记忆。

山里红（叶金中摄影）

当然老北京的话"卖山里红的"也和山里红"就剩下这一挂了"有关系，歇后语"卖山里红的"，下句含义是"就剩下这一挂了"。这个"挂"字转用于衣服，中国式衣服称"大褂""小褂""马褂"等。现在还有"褂子"之说，例如"穿件制服褂子"，意即穿制服上衣。当然我至今还没听过"西服褂子"之说，大概因为西式制服自清末传到中国，年深日久而"华化"了，而"西服"初来乍到，尚未被"本土化"吧。"卖山里红的"话一般有嘲讽、自谦以及写实等意思。嘲讽之意用于熟人间开玩笑，如说："大哥！今儿又穿这件出来啦！您这是卖山里红的！"意思是说"你就剩下这一件褂子了"。自谦之意表示自己衣服少，不是单夹皮棉纱俱全，如说："我可比不了您，穿什么有什么。我是卖山里红的。"意思是只此一件褂子。写实之意是断了钱粮季米的旗人专用的。20世纪20年代至30年代，北京旗

人家大多典卖一空，家徒四壁，竟有用瓦片当碟子用的人家。但即使全卖光了也得剩下一件整齐衣服保留体面，到亲友家去时才穿上，回来时一出人家大门就立即脱下来包好，回家收藏以备再穿。这就真是"卖山里红的"，什么都没有了，"就剩下这一挂（褂）啦"！

梁实秋先生回忆："离开北平就没有吃过（山里红的）冰糖葫芦，实在想念。"如今，虽然胡同里的吆喝声渐渐远去，但灯火中一串串红彤彤的山里红冰糖葫芦，还是足以勾起人们对温暖岁月最美好的想象。

最忆儿时腊八节

《红楼梦》第十九回中，贾宝玉向林黛玉讲腊八粥，说："林子洞里的耗子精要熬腊八粥，山下庙里米豆最多，果品却只有五样，一是红豆，二是栗子，三是落花生，四是菱角，五是香芋。"讲得实在幽默有趣。在过去，老北京也流传着这样一首民谣：

小孩小孩你别馋，过了腊八就是年。

腊八粥，过几天，哩哩啦啦二十三……

此外，还有"吃了腊八饭，就把年来办""腊七腊八，冻死寒鸦""腊八粥，吃不完，吃了腊八粥便丰收"等民谣也提到腊八和腊八当天的风俗。

老舍在《北京的春节》中说："在腊八那天，人家里，寺观里，都熬腊八粥。这种特制的粥是祭祖祭神的，可是细一想，它倒是农业社会的一种自傲的表现。这种粥是用各种米、豆，与杏仁、核桃仁、瓜子、荔枝肉、莲子、花生米、葡萄干、菱角米等熬成的。这不是粥，而是小型的农业展览会。"

农历十二月初八为腊八节，要吃腊八粥，这个民俗在我国已经流传很久。春节来临之前，第一个小节便是"腊八"。因为"腊八"这天要吃"腊八粥"，每逢此时，一股久违了的香甜也会萦绕在人们

的唇齿之间。沈从文在《腊八粥》一文中这样描写孩子喝腊八粥的场景："初学喊爸爸的小孩子，会出门叫洋车了的大孩子，嘴巴上长了许多白胡胡的老孩子，提到腊八粥，谁不口上就立时生一种甜甜的腻腻的感觉呢。把小米、饭豆、枣、栗、白糖、花生仁儿合并拢来糊糊涂涂煮成一锅，让它在锅中叹气似的沸腾着，单看它那叹气样儿，闻闻那种香味，就够咽三口以上的唾沫了，何况是大碗大碗地装着，大匙大匙朝口里塞灌呢！锅中的栗子已稀烂到认不清楚，花生仁儿吃来总已是面了！枣子必大了三四倍——要是真的干红枣也有那么大，那就妙极了！糖若多了，它会起锅巴……"沈从文笔下天真烂漫的孩子高高兴兴喝腊八粥的样子，跃然纸上。

"蜡也者，索也，岁十二月，合聚万物而索飨之也。"《帝京岁时纪胜》《燕京岁时记》等，均曰："十二月初八为腊日。风俗通云，腊者所以迎刑送德也，大寒至，常恐阴胜，故以戌日腊。戌者温气也。"在历史上，每年的腊日历朝历代天子都要向天祈福。"腊鼓鸣，春草生"是汉代流传的民谚，它反映了当时的人们在腊日敲鼓驱疫、迎接新春的仪式和情景。

元代《燕都游览志》中提及："十二月八日，赐百官粥，以米果杂成之，品多者为胜。"《明宫史》记载："初八日，吃腊八粥。先期数日，将红枣捶破泡汤，至初八日，加粳米、白果、核桃仁、栗子、菱米煮粥……举家食粥，或亦互相馈送，夸精美也。"《燕京岁时记》也记载："雍和宫喇嘛，于初八日夜熬粥供佛，特派大臣监视，以昭诚敬，其粥锅之大，可容数石米。"腊八拂晓出锅，第一锅粥献佛，第二锅粥进献给皇帝，接着第三锅粥赏赐大臣，第四锅粥敬奉施主，第五锅粥赈济贫民，第六锅粥是寺内僧众自食……寺庙舍粥为百姓祈福。

腊八节怎么来的呢？又为什么要吃腊八粥呢？腊八节始于佛家，是佛教的节日。相传佛教的创始人释迦牟尼在菩提树下盘腿打坐沉思，于十二月八日这天成佛。这以后，每年的腊月初八，佛门众僧诵经，煮食黍米以纪念释迦牟尼的成佛之日。众僧这天必食腊八粥，同时这一天寺庙要支起大锅，烧煮腊八粥，施舍贫民。一般从腊月初八起，到十二月底止，每天清晨舍粥。所以每当进入腊月，天还未亮，人们便冒着晨寒，聚集于寺庙大门前，等着舍粥。天色还未放亮，就已人声鼎沸，人头攒动，长长的队伍井然有序，远远望去好似长龙。每逢腊八这一天，不论名山大寺，还是深山古刹，不论宫廷大内，还是寻常百姓，都要做腊八粥、施腊八粥、喝腊八粥。而到了清朝时，这种风俗更加盛行。

清朝诗人李福有一首诗《腊八粥》，描写了当年的情景：

腊月八日粥，传自梵王国。

七宝美调和，五味香掺入。

用以供伊蒲，藉之作功德。

僧尼多好事，踵事增华饰。

此风未汰除，歉岁尚沿袭。

令晨或馈遗，啜这不能食。

吾家住城南，饥民两寺集。

男女叫号喧，老少街衢塞。

失足命须史，当风肤逆裂。

怅者蒙面走，一路吞声泣。

问尔泣何为？答言我无得。

此景望见之，令我心凄恻……

　　小时候，每到腊八这天，常会听到老辈们说起腊八节的另外一个和明太祖朱元璋有关的传说。据说，朱元璋小时候家里很穷，为了生计，便给一家财主放牛。有一天放牛归来时牵牛走过一座独木桥，牛一滑跌下了桥，将腿摔断了。老财主气急败坏，便把朱元璋关进一间房子里不给饭吃。朱元璋饿得够呛，忽然发现屋里有一鼠洞，扒开一看，原来是老鼠的一个粮仓，里面有米、有豆，还有红枣。他把这些东西合在一起煮了一锅粥，吃起来香甜可口。后来朱元璋当了皇帝，又想起了这件事，便叫御厨熬了一锅各种粮豆混在一起的粥。吃的这一天正好是腊月初八，因此就叫"腊八粥"。

　　随着佛教的传播和舍粥习俗的沿袭，取香谷和果实等熬制腊八粥的习俗渐渐流传到民间，成为人民大众的食俗，沿袭至今。人们利用自己收成的谷物和干果煮成腊八粥，倾注了自己庆祝一年以来的辛勤劳动和祈求来年五谷丰登的希望。这种习俗随着时间的推移，内涵和外延也越来越丰富，腊八粥的演进过程也同样如此，到了清朝，腊八粥又称"五味粥""七宝粥""八宝粥"等，从名称便可见丰富的内涵。老北京多用黄米、白米、江米、小米、菱角米、栗子、红豇豆、去皮枣泥等，和水煮熟，然后加入核桃、杏仁、瓜子、花生、松子等，并用白糖、红糖、葡萄等点缀，最后添些红枣、果仁、蜜饯、桂花等，不仅色香味俱佳，还带来了无穷乐趣。更为讲究的人家，还要先将果子雕刻成人形、动物、花样，再放入锅中煮。比较有特色的就是在腊八粥中放上果狮。果狮是用几种果子做成的狮形物，用剔去枣核烤干的脆枣作为狮身，半个核桃仁作为狮头，桃仁作为狮脚，甜杏仁用来作狮尾。然后用糖粘在一起，放在粥碗里，活像头小狮子。如果碗较大，可以摆上双狮或四头小狮子。更讲究的，就是用枣泥、豆沙、山药、山楂糕等各种颜色的食物，捏成八仙人、老寿星、罗汉像。

冰心在散文《腊八粥》中说："从我能记事的日子起，我就记得每年农历十二月初八，母亲给我们煮腊八粥。这腊八粥是用糯米、红糖和十八种干果掺在一起煮成的。干果里大的有红枣、桂圆、核桃、白果、杏仁、栗子、花生、葡萄干等，小的有各种豆子和芝麻之类，吃起来十分香甜可口。母亲每年都是煮一大锅，不但合家大小都吃到了，有多的还分送给邻居和亲友……我的母亲是1930年1月7日逝世的，正巧那天也是农历腊八！那时我已有了自己的家，为了纪念我的母亲，我也每年在这一天煮腊八粥。虽然我凑不上十八种干果，但是孩子们也还是爱吃的。"

腊八节这一天，家家户户，大人小孩吃腊八粥，即使出门在外，腊八这天也要赶回家吃腊八粥，哪怕是襁褓中的宝宝，也要一起吃腊八粥，所以腊八粥也被称为"口数粥"。梁实秋在《粥》中说，小时候喝腊八粥是一件大事……家家熬粥，家家送粥给亲友，东一碗来，西一碗去，真是多此一举。食之前，需先祭神，然后全家食用，因为旧时人们认为食腊八粥能辟瘟气免罪过。当然这是旧时人不理解腊八

粥的营养所致。

由于各地的土产品不一样，腊八粥有"北甜南咸"之说。北方喜欢用赤豆、红枣、桂圆、核桃等煮粥，南方则用花生、白果、栗子、蚕豆、青菜、肉丁、鱼丁、鸡丁等制成咸味的腊八粥，有的还在粥里掺少量的桂皮和茴香。

在腊八这一天，大家除了要喝腊八粥，还有腊八蒜、腊八菜、腊八糕、腊八豆腐、腊八面……其实，喝腊八粥有温暖、圆满、和谐、吉祥、健康、合作、营养、淡泊、方便、感恩、欢喜、结缘等意义。王蒙在《我爱喝稀粥》中写道："每年农历腊月初八北方农村普遍熬制的'腊八粥'，窃以为那是粥中之王，是粥之集大成者。"

每当我在纷繁俗尘的生活中一身疲惫时，多么想沐浴在儿时那温暖的目光里再吃一碗腊八粥。我童年是和父母在东北一个小村庄度过，那时物质普遍不太丰富，腊八粥便是一个美好的记忆。腊月初七晚上，我围在父亲身边观察着，所谓的粥，就是最简单的白米粥，父亲将红豆、赤豆之类的辅料用温水泡上。那年代过来人都知道，那时的大米得经过好一阵挑拣，慢慢挑去里面的沙子，再洗净后，才会上锅。上锅煮了一阵后，锅盖沿会冒出白气，锅中也会发出咕咚咕咚的声音。这时，锅中掺和在一起的米粒间不时有一个个小气泡冒出又爆裂开，仿佛一个个喷发的火山。膨大的红枣们漂浮在上面，像一群可爱的胖娃娃。而煮好后的八宝粥透着一丝滑爽，仿佛在低低地浅唱："诱人的红枣是香甜美味……"腊八的一大早，鸡还没叫，父亲就起床了，他顶着星星抱进劈柴，轻轻的开门、关门声，咕嗒咕嗒的拉风匣声，现在好像还响在我的耳畔。其实，那时我们也都已经醒来，只是还是喜欢蜷缩在温暖的被窝里听着风匣发出有节拍的响声……腊八粥做好了以后，父亲呼唤我起床，笑着说："快吃！快吃！谁家烟囱先冒烟，谁家谷子先黄尖。咱们家早吃。"于是我的眼前又浮现了一片金黄、香喷喷的腊八粥，闻一下已垂涎三尺了，再轻轻抿一口，黏黏的、稠稠的、甜甜的，味道好极了。一碗粥下肚，整个人都暖融融了，冬日的寒冷一扫而光。如今时过境迁，腊八粥已不再是孩子们垂涎的美食了，而且即使现在腊八粥里加了桂圆、莲子、枸杞、蜜饯等几种十分讲究的食材，但吃来却总感到少了一些味道……似乎只是眨眼之间，曾经以为会是多么幸福的明天，摆在眼前时也不过如此。原来，幸福只是一种感觉。

腊八节年年有，而我们的父亲已经远去。那美好的时光再也不会回来了，想着想着，两行热泪便从眼角流出。

老北京的雪花酪

　　雪花酪的冰晶是甜甜的，带着一股奶香。它的配料五花八门，可以迎合不同人的口味。瓜子仁、花生仁凭借它们富含的脂肪和蛋白质让你越嚼越香。葡萄干甜中带酸，富含维生素，而且口感特别好，滑滑的，有韧性。山楂糕被切成丁儿，虽也是酸甜味，却以酸为主，混有花生仁，香甜可口。麦仁，质朴的外表，淡淡的麦香，在众多味浓的配料中作为衬托，相得益彰，再撒上一层软软的豆沙，甜得透顶。

　　据传明清时，北京出现了雪花酪的雏形，是用刨床将天然冰刨出冰屑，再用果子酪（果子干）、红果酪及浓酸梅汤浇入，在木桶或瓷盆内用棍搅拌，然后盛入盅内，半饮半嚼。其名称传说不一，有的说叫"冰果酪"，有的说叫"雪茶"。叫"雪茶"的人说，宫里忌讳"雪"字与"血"字同音，中间加了一个"花"字，成了"雪花茶"。"雪花酪"大概就是"雪花茶"变来的。何时变的？不清楚。

　　每年农历四月，城隍庙开庙门的时候，大殿前东配殿的台阶上，就有卖雪花酪的。把一个圆铁桶放进一个比它略矮的圆木桶里；木桶比铁桶直径要大，铁桶周围填满了碎冰块。制作时，铁桶内倒入鲜奶、凉开水、白砂糖等，老字号的还要加入各家的秘制口味配方。再用皮带缠在铁桶外皮上端，用人力反复拉动皮带转动铁桶，使桶内的水珠结冰，到了现代人工制冷就改为电动制冷了。为了不使其结成冰块，制作人要用一根竹片多次剔除桶内壁上的冰层，使桶内保持半流

冬季的北京

质，即"酪"的状态。铁桶在木桶的冰块中转动，越转越"糯"，一直到呈浓小米粥状，就可以了。

2005年，我在保定找到了一家卖雪花酪的小店，挑一处僻静的角落坐定，顺手从书包里掏出一本小说，一边吃美味的雪花酪，一边感受故事主人公的喜怒哀乐；或者干脆什么都不想，盘腿坐在柔软的草地上，专心致志地享受雪花酪带给我的清凉与惬意。

喜欢手捧雪花酪甜美的孩子般的感觉，站在岁月的最远端，雪花酪的芬芳印在心里，把那种年轻的蔚蓝与释放的本真深深地铭记。

第六辑

旧食

243